AQUARIUS

AQUARIUS

AQUARIUS

AQUARIUS

Catcher

一如《麥田捕手》的主角，
我們站在危險的崖邊，
抓住每一個跑向懸崖的孩子。
Catcher，是對孩子的一生守護。

當校長的10個勇氣

李枝桃校長

【推薦序一】

事在人為

柯華葳（國家教育研究院院長）

李枝桃校長的書看似是她的故事集，但每一篇其實都是每一位校長治校會遇到的問題。李校長一邊說故事，一邊陳述問題與困難，並闡述她的治校理念，分享她的治校方法，非常具有說服力。

一個校長，每天只要一進校門，大小問題就接踵而來，可以說，每天都有新挑戰。無論是家長、學生、老師、行政人員、社區的大小事，甚至大如天災，像九二一地震，小至就職時，恭賀的花籃如何處置。事雖小，但不慎思，也可能招人言語。書中一些國中普遍會面對的問題，我舉例如下，除了供大家參考，也可以讓擔任校長的教育工作者思考與學習。

一般家長對於學校的要求莫過於升學率，例如，書中就提到中興國中的家長會會長要求李校長提出可以考上第一志願的人數。這與一般的教育理念不一致，該怎麼回應？

學校該採取能力編班？還是常態編班？如果家長和學校同仁有不同於你的考量，你如何面對？

當學校裡出現不適任老師，其實，學校同仁都看在眼裡。校長該怎麼出手？又該怎麼協助？並「教育」？使其成為適任？

學生的學習有時需要許多額外資源，校長該如何募資？義工是學校重要資源之一，又該如何招募？

學校接不接校外工作？若接，怎麼讓老師們同心合力？

李校長以辦學理念回應家長會長對考上第一志願的要求。李校長堅持對孩子一視同仁，她不放棄後段學生，並秉持著「學生的未來，學生自己決定」的信念。

因此，如何分班？就看學生是否學得有興趣，且具信心，能力更同時提昇，若能力分班可以做得到，就能力分班。

不論是上級的要求，或是社會的期待，對李校長來說，編班只是手段，重點是，她認為，每一位學生都應該要得到憲法所保障、所賦予他們在國中階段學習的權利。「學生學到」才是核心考量，不放棄每一位學生也就是這個意思，而這就是教育。

當學校有不適任教師是學生的不幸，而處理上的棘手，則是老師們的不幸。學校考績委員會的角色和同事間的情誼，讓大家不敢為學生的最佳利益，大刀闊斧。

或許是我們都還在學習同儕間民主的運作方式。老師的培育不是修過學分、通過檢測就滿分，通常需要等到老師真正進入教育現場，才能真正去學習如何做一位老師。

李校長找人協助不適任教師如何當導師、經營班級，看到他有改變，就隨時給予鼓勵，包括「串通」訓導主任，兩人一起為有進步的老師發出肯定的掌聲。在愛與鼓勵之下，這位不適任老師漸漸學習到「師者，不僅傳道、授業、解惑」，還有其他該做的工作，以及該如何去做。面對教師，李校長還是站在教育考量的立場。

然而，在教育之名下，不論是面對學生或是老師，像媽媽般經營一個安全的環境，一個愛的環境。是校長，又同時像媽媽般付出愛與溫暖，這是李校長的立基與利基，但若是媽媽，就要學習與懂得放手。當自己口口聲聲說信任你們（指學生，也指老師），在關鍵時候，卻像過度保護的媽媽，如此，學生和老師都不會成熟。

一個有趣的對比是上述不適任教師是個媽寶（或爸寶），李校長勸對方的爸爸媽媽要放手，「孩子都當老師了，讓他成長吧。」這是多麼寫實的畫面，校長自己和父母親都在學放手。所以要愛，也要教育。愛，會捨不得，但教育則會逐漸撤除鷹架，讓學習者自己往前行，決定自己的未來。

還有一事，可以看出李校長將校長和媽媽的角色，兩者融為一體。學校聘請因打假球而被停職的職棒選手做教練。教練有能力，對學生練球有幫助，但有瑕疵。媒體緊盯著學校聘請有道德問題的人，校長要怎麼辦？但李校長告訴社會，教育不就是要給犯錯的人機會與希望嗎？她的有力闡釋，平息了媒體的關注。

來到新書的後半部。當十二年國教上路，李校長的學生也正經歷第一屆的十二年國教會考。當會考議題沸沸揚揚時，有學生悠悠的說，九年我都坐不住了，還要坐十二年啊？李校長面對的原則是「學生的未來，學生自己決定」，這是願意放手的媽媽。

但對學校來說，學校要如何配合十二年國教政策，改善教學，進而使學生喜歡學習，這是全台校長的功課。李校長回想自己求學路上那些讓她懷念，可作為模範的老師們是如何容忍、教導她。無論老師是採取激將法或突襲檢查，或是逐一認識學生，其實他們所做的也就是：了解孩子，並找到正確方法幫助他們。於是，李校長也對自己的學生展現出這樣的教育與愛，她更希望這份教育與愛能傳承下去。

我相信這本書就是李校長在對自己治校的最高期許下，所一字一字刻畫出來的。而從另一個角度看，學校需要留下各種紀錄，包括微電影，但李校長在微電影中卻都沒露面，也不是主角。李校長說，花錢拍的電影，若有她的畫面，兩年後換校長，不是又要換內容了？校長的名字在何時、如何出現在學校資料裡，又是需要智慧做的決定。

讀過李校長的書，我更確信事在人為，且在信念。不放棄任一位孩子不是口號，是有方法可以做到的信念。回顧九二一，李校長勉勵全校師生，「不能坐等他人救援，我們必須站起來並踏步向前」，或許十二年國教還有許多里路要走，才能落實到學習者身上，但當校長媽媽有決心，踏步向前行，還會有什麼事做不到呢？

【推薦序二】

令我怦然一震的教育書

蘇明進（大元國小教師）

乍見這本書的原先書名——《用一個母親的心當校長》，內心不禁怦然一震。教書以來，我也一直把班上學生視為自己的孩子。尤其是自己的女兒出生後，更感受到自己「以一位父親的心情來當老師」的心境轉變。

然而，倘若一位校長是以母親的觀點，來思量學生的學習需求，以及對教育的想望時，那樣的格局與氣度，將會是截然不同；那樣的愛與影響力，絕對是更多學子的福氣。

翻開這本書，瞬間跌落在這些溫暖又富有教育愛的故事裡。時而被感動，時而停下閱讀，細細反思自己的不足。在李枝桃校長的柔軟文字裡，我也反覆溫習著自己的初心。

印象最深刻的兩篇文章，是〈愛是一種能力〉與〈他們都是啞巴啦〉。故事中的雨心與中輟女孩，都是武裝自我、被認定為嚴重偏差的問題學生。

然而她們在李校長的激勵下，逐漸放下刺蝟般的心防；在校長的真心讚美下，她們蛻變成表現亮眼而有溫度的孩子們。其中一位，成了攸關學校管樂團成敗的救援團員；另一位則成為烘焙班的小助理，也是該校提報總統教育獎的候選學生。

尤其是故事中的中輟女孩，她微笑的告訴李校長：「校長媽咪，我都知道。我可以的！」再往下閱讀：「校長媽咪，你放心好了，我不會再覺得有一對啞巴父母是一種恥辱了。我將來會以我的成就，來榮耀父母。」讀到這些文字，我的眼眶泛淚，真心的為這位孩子喝采。

很多時候，我們都不斷的告訴孩子：「你可以的！」但是，如果真有一天，孩子終於能回過身來，微笑的且充滿自信的告訴我們：「我可以的！」這是多麼不同的層次啊！這也同時會是一位教育工作者最好的回饋，以及最大的幸福感來源。

我想起那位我曾經教過的學生，小時候總是打架鬧事、偷竊不斷。有一天長大後，他回學校找我，向我報告他現在是一位油漆師傅，認真上班養活全家。他笑著說：「長大後不再貪玩了，要變壞的話，小時候就變壞了。」

最近也有位小時候毫無學習動機，考試始終考零分的孩子回來找我，他和我分享他在一家連鎖餐飲店上班的近況。雖然現在還在廚房裡幫忙切菜，但他珍惜這一份工作。他說有朝一日，他想開一間餐館請我去吃飯。

我瞇著眼睛看著眼前這兩位學生，心裡感到好幸福。

我想每一位老師或是教育工作者，都是這麼容易滿足的傻子。其實我們不在乎未來的他們會多麼的出人頭地，只想看著他們走在正途上，靠著自己的力量，腳踏實地的快樂活著。

不管是李校長的雨心與刺蝟孩子，還是我的學生們，都用他們的故事教會我們：這些被視為「壞孩子」的，其實都只是當下被困住的孩子，他們需要一位真心想懂他們的大人。於是他們終於感到安全，可以不再武裝自己，可以不再隱藏內心的恐懼。

這些孩子，需要的其實是更多的關心。需要的是能夠讓他們發揮長處的場域，需要一個能讓我們為他們感到驕傲的機會。

在李枝桃校長的學校裡，處處可以看到為各種程度的孩子，量身打造的學習場域。她總是驕傲的向他人介紹：「我們學校不是只有一般智能資優班及語文資優班，我們還有烘焙資優、水電資優、商業設計資優、體育資優、音樂資優……」

這所學校真正落實了多元智能的理念，讓不同興趣的孩子能發揮所長。讓一直在讀書方面感到洩氣的孩子，也有展現亮點、展現自信笑容的機會。

不只如此，校長的用心，感動了孩子；而孩子的認真與堅持，則感動了外人。一袋袋麵粉與棒球用具送到學校後，老師們與孩子們也計畫著，將多餘的棒球用具與麵包，分送給更多需要的團體。分享所帶來的感動，像一個善的循環，來回的在這所學校裡激起一波波美好漣漪。

我曾到過很多學校進行分享，看到底下老師們的眼神，總是第一時間內就感受到這些學校的對立氛圍、與老師們低迷的士氣。

我總是踏進一所又一所的學校，渴望能找到一個證明：原來還是有學校，裡頭的校長和老師們是一同扶持、共同成長；不是把「愛孩子」掛在嘴邊，而是在每個起心動念之前，都是真真實實的望向孩子，從孩子的需求作最大考量。

從這本書中，我看到了這樣珍貴的學校氛圍。我也衷心期盼，每一所學校都能展現出這樣正向能量，用一個母親的心、一份父親的愛，一起帶起每一位被丟下的孩子，一起為他們守護臉上的笑容！

〈序曲〉
若沒有當年的老師，就沒有今天的我

教育的規章法令會更改，但教育、教導孩子做人做事的道理永遠不會變，老師的身影永遠比教條規章影響孩子來得深。

我丈夫曾很感慨地說：「當老師真棒。即使退休了，只要你是認真的，學生永遠會記得你。」他一說，我便想起了我的老師們……

民國六十年，在八卦山上的一個小學校。下課時，一名高瘦的廖文海老師拿出藥膏，仔細地擠出一小點在手指上，幾名有癩痢頭的孩子乖乖站著。老師在孩子頭上，畫圈圈的擦藥，擦完一個，他再叫另一個……那是我國小四年級的印象——老師像爸爸，都不怕髒。

「校長給我回信了。」也是民國六十年，小學裡來了新校長賴嘉雹先生。他努力推行國語文教育，平日常辦查字典、作文等比賽；到了暑假，他還要求每一個孩子寫信給他。他答應會一一回信，還會挑出第一名，送整年的國語日報。

爸爸說全校一千多名學生，就算只有中、高年級寫，也有六百名，他怎麼可能封封回信；但我們乖乖寫信，他竟也一一回信。那是我們人生中第一回收到寫給自己的信。開學後，大家都互相交換，觀看校長的回信。

那時候，我對老師的感覺是：說話算話。但要回那麼多信，一定很累。

六十三年，同樣的鄉鎮，夜幕低垂，農家早睡，寧靜村莊只傳來蟲鳴唧唧。此時有兩部摩托車噗噗噗在村莊響起。

父母驚覺，立即起身叫醒孩子：「快！快！快！他們來了。」

孩子顧不得睡眼惺忪，立即起床，一屁股坐在書桌前，隨手拿起一本書翻閱。父母也在客廳坐著，等到摩托車聲響遠了，大家才鬆一口氣，進房睡覺。

那是我國中時的景象。當時陳文彥校長讓教務主任陳健鏘用摩托車載著，而訓導主任簡顯經騎另一部。他們三個人穿梭在村莊中，突擊檢查孩子有沒有用功讀書。

若太早睡，不但孩子被叫起來訓一頓，父母也要跟著聽訓。

那時候，我對老師的印象，套一句現代用語就是：真的很「機車」。

國中畢業典禮那天，導師黃秀桃在公車站，當著許多人的面不屑地說：「李枝桃只配讀南投高商。」

當時我惡狠狠地瞪著她說：「我不但會讀高中，還會讀大學，然後回來當你同事。」

幾年後，我實現我的放話。當我得意地找導師時，她驕傲地告訴我，用激將法果真有用。

然後她開始說，我國中的跩樣，任憑老師鼓勵再三，依然拒絕聯考，沒辦法之下，只好重重給我一擊。

「若你沒回來找我，我可能要承受你無止境的怨恨。」原來，一直對我觀察入微，最了解我的是我的導師。

那時候，我對老師的想法是：能了解孩子，且能找到正確方法幫助孩子的人。

「若沒有張秀珍老師，就沒有今天的我。」前些時候，同學阿惠說要找國中的國文老師，想親自向她說謝謝。

她說自幼家境困難，國中畢業後，無法繼續升學，但她想讀書。張老師知道後，建議她讀夜校，然後向校長建議找她回來幫忙，讓她半工半讀，完成高職學業。阿惠說當時的校長十分嚴格，不准人提早走，但山上的客運又常不準時，因此月考時，總格外緊張。

不過，張老師總會故意找理由，掩護她先走。對照嚴格的校長，張老師的仁慈，讓她特別感激。我說校長能找出經費，讓你回去打工，解決你就學困難，也算是有心。

阿惠點頭，感慨地說：「老師就是能對學生伸出援手的人。我們那時候的老師都特別仁慈。」

教育的路上，常有人說我有愛心。想想，或許是經歷過叛逆年代，對孩子特有感覺，但更或許是成長在那樣的年代中，遇到了那些老師，而我僅僅只是體現他們給我的教育罷了！

再想想，他們的精神在我們這一代展現，我們這一代呢？我們將留下什麼精神呢？

目錄
contents

當校長的10個勇氣

Part2 堅持做對的事

她總是選擇一條最艱難的路走。她說她沒看到困難，只看到孩子的需要。

目錄 contents

當校長的10個勇氣

Part1

她成千上萬個寶貝孩子

如果沒有人愛你，
你要記得校長媽咪愛你，
這份愛是永遠的。

意外的人生

我痛苦的陷在各種聲浪中，短短三天，便瘦了一圈。

在宏仁國中擔任校長六年，我自信可以在第二任最後兩年任期輕鬆愉快、得心應手的做到我所規劃的每一件事，然後以無比優雅的姿態退休，而宏仁國中也可以在我八年經營下，在制度、人文、教育上有絕對的穩定性。

「兩任八年，已足以讓我回憶一輩子了。」我是這麼想的。

但誰能料準老天爺總會在你志得意滿時給你重重一擊，在你規劃妥當時，給你來個出其不意。而我們通常只能感慨說：這是命運。

我接獲通知，被調回中興國中。

許多人稱羨中興是所制度規模兼具的學校；也有許多人稱羨學校與我家僅隔一條馬路，走路上班即可。但我卻感到焦慮不安。

把毒品趕出校園

中興國中是我教師生涯的重要歷程。在這所學校，我做了三年訓育組長、七年訓導主任、兩年輔導主任。期間有許多難忘的回憶，最讓我忘不了的是訓導主任期間，為了整頓校風，肅絕毒品及驅走暴力，我遇到的兩件事。

第一件事，發生在我接訓導主任的第一年。那天下班時，有一個人擋住我，告訴我：「主任，你很囂張喔。你要小心，你女兒讀哪所幼稚園，從哪條路回家，我們都知道喔！」

當時即使我又氣又擔心還有害怕，但我按捺下一切情緒，仍鎮定且笑咪咪的回他：「喔！你們調查得真清楚，不過你們沒有調查到我的先生在哪一個警察局上班，如果他知道女兒受威脅，他一定會查到底的。」

那人聽到後馬上轉了語氣，「你先生是警察喔！」我故意嘆口氣說：「小警官啦！中興分局長是他學長，刑事組長是他學弟啦！」他一聽，馬上擺出笑臉，說他是好心提醒我要注意。

當時我立即醒悟到對抗暴力，不能單打獨鬥，於是馬上去拜訪當地警察分局，獲得黃振煥分局長的支持，開始警民合作，把毒品趕出校園。

不向暴力屈服

第二年發生的事更讓我印象深刻。有一天，外面的不良青少年跑進學校來要打架滋事，生教組長請他離開時，他隨手拿起椅子要砸生教組長。

我跑過去制止，以凶狠的眼光看著他，然後一字一句的對他說：「我認識你，你敢砸看看？我馬上去告你。」

他悻悻然放下，還罵了句恰查某才離開，但放學時卻找了一群人，騎著機車圍住正在執行放學導護工作的組長叫囂。

我覺得此風不可長，因此堅持要提告。校長當時提醒我要小心那些人會來暗的。

但我告訴校長：「若不處理，形同縱容，學校老師往後如何再繼續執行公務？」校長支持我提告，那些青少年在開庭前收斂了作風。這樣的事情傳開後，往常放學常有不良少年聚集的校門口，頓時安靜不少。

我便以這樣一個敢衝、不怕死的個性，把一所學生外流、常規不佳的學校改變了。從最初把毒品趕出校園被人威脅警告，以致到後來上法院對抗惡勢力；從人文教育到生命教育的不斷推廣；從九二一地震重建到脫胎換骨的重生，我為中興國中付出了我最年輕精華的歲月，但相對的，我也在這些日子的磨練下，累積了許多的能力與能量。

再寫一段紀錄

我永遠忘不了校長叮嚀我的話語：做別人的事，學自己的功夫。如果沒有那十幾年的訓練，無法創造宏中的傳奇。我該感謝中興給我的訓練，也該高興回到我視為娘家的中興，好好規劃，回饋中興才對，但我內心卻是被不安與痛苦的情緒包圍著。

不安的是：我離開中興的六年中，中興極度擴張，已被貼上以升學為導向的學校。龐然大物的結果是少了人文素養，及一份優雅從容；另外老同事一個個退休，人事已非；再者過去我認識的家長、社區朋友太多，我也擔心當他們向我提出些要求，我無法做到時，他們會覺得我當了校長變得不近人情，到時候助力反而成為阻力了。

而我痛苦的是：縣府主導校長遴聘業務，六年前我被派到宏中已引起很多議論，今以第二任即接掌縣內最大的學校，更是評論四起，流彈四射。

我痛苦的陷在各種聲浪中，短短三天，便瘦了一圈，後來我去找忘年之交的謝董事長傾訴，他以一貫的慈祥，笑著提醒我：「凡事感恩。」

是呀！我怎麼忘了他的名言：凡事感恩呢！

我把頭一甩，這世上沒有什麼是絕對好，也沒有什麼是絕對不好，我就以感恩的心接受吧！至於那些流言蜚語，就隨風而逝吧！

那天我在回中興的家庭紀錄簿上寫下了一句話——我要在中興再寫一段紀錄。

校長媽咪這樣說

曾有一位朋友要選擇應聘的學校時，憂心地說只剩一個偏遠的缺。

我說教育不分遠近，隨緣吧！只剩那個缺，代表你跟它有緣。

「可是那個學校毫無制度可言。」她一說，我大聲說讚，「可開疆闢土，留下更多足跡，多好呀！」

她笑了一下，又說：「前兩任校長都放任不管，學校像廢墟。」

我又說太讚了：「對手只有二、三十分，你只要做六十分，就可追過他，且只要你夠認真，學校老師及家長一定如大旱望雲霓般的擁護支持你。你可以大開大闔，放手去建立制度。把學校從谷底拉起來看似辛苦，卻是甜蜜，想想你可以寫下屬於你的歷史，多棒呀！」

當時我告訴憂心忡忡的她，「接吧！這是你的好機會，超讚的！」

她笑著說：「怎麼你什麼都說好、都說讚？」

「不小心把我工作快樂的祕密說出來了！」我一說，換她說：「超讚的。」

她回來了

在警界服務的先生對我說：「老師多教好一個學生，將來警察就少抓一個壞人。」

「哇！她回來了！她回來了！」我參加學區光華國小的活動，一進入會場，便聽到遠處有人衝著我喊。

我很詫異地看著那個身形微胖的中年婦人，她拚命從最後面的桌椅中，穿梭走到我前面。我雖帶著微笑，但還處在詫異中，極力搜尋記憶，想要知道她是誰。

還沒想出來，她已走到我前面，拉著我的手說：「你不認得我了嗎？」

然後她給我一個暗示：光明派出所。

我腦海的燈亮了。興奮地叫：「好久不見。」她是女警陳麗鳳。

陳麗鳳放開嗓門，跟旁邊的人說：「你們知道嗎？若我說中興國中有李校長，才有今天，一點都不為過啊……」她開始訴說我的過往事蹟，許多人靜下來聽，還對我豎起大拇指。

「謝謝你幫我宣傳過去。」我跟她道謝。

她輕笑了一聲：「該謝謝你有很好的過去。」

先生的犧牲與支持

那天晚上九點多，我走出家門，過馬路，從側門進入中興操場，沒啥星光的操場昏暗靜謐。

我坐在場邊的階梯，看著幾個民眾走路的身影，再看看遠處圓弧形建築的行政大樓。我聽到自己的內心發出一聲嘆息：怎的，我又回來了？

記得民國八十一年年初，我從台東調回校風不佳的中興。當時一直關心我的林源朗縣長，曾語帶關切的問：「真要調回中興國中？」

當時中興校長陳健鏘先生是我國中的老師。當他要我接訓導主任時，我那在國小擔任校長的姑丈，急著要我父母勸我別接。

他說：「中興的訓導難做呀！尤其枝桃的先生在警界服務，沒辦法幫忙帶兩個小孩，要考慮清楚呀！」

但開家庭會議時，在警界服務的丈夫居然為了成全我，自願選擇內勤工作，幫忙照顧孩子。他的理由是：「老師多教好一個學生，將來警察就少抓一個壞人。」

我說：「你會升不了官的。任誰都知道在警界升官制度下，一年年的調動，幾乎是必然。若是看到同學個個飛黃騰達，你一定會埋怨我的。」

先生嘆了口氣，看著我說：「每個人官做得再大，都要退休。我或許當不了大官，賺不了大錢，但人生要具備的兩本存摺，一本是生活用的金錢存摺，另一本是可供將來回憶的親情存摺。在親情存摺裡，我可是個富翁。」

他以堅定的語氣說：就算是幫我們警察的忙，你接了吧！

於是，我答應了，展開了七年訓導主任的長期奮戰。

女兒被逼著成長

我直接挑戰毒品，不想鴕鳥心態，自欺欺人。我與警方合作，抓毒品，還破毒品販售案，引起軒然大波，不但上了媒體，也惹來威脅恐嚇，要對我女兒不利。

當時為預防可能發生的狀況，我們藉著每天與女兒演戲玩樂。演練可能遇到的狀況，讓孩子知道如何應變。

當時還在幼稚園就讀的小女兒，一次到中興來玩。學生看她可愛，問她：「你媽媽是誰？」

她機靈的說出我辦公室幹事的名字：耿淑華。

學校陳登美老師聽到了，跑來問我：「你女兒不知道你的名字嗎？」

我回家問女兒為何這麼回答。她笑著說：「你那麼兇，如果別人知道我是你女兒，打我出氣，怎麼辦？」

我好氣又好笑，但也好心酸，女兒被逼著成長呀！

拚命三郎的衝勁

其實，當時擔憂的不只是我女兒，還有我的媽媽。她總是小心翼翼地勸我：「要是做不來，就直接跟校長講，千萬不要勉強。」

我笑著揮揮手：「沒事沒事，好多人幫我忙。」

為了讓她放心，我每一回回家都說著警界朋友如何幫我忙的故事給她聽。可愛的媽媽一聽，又提醒我：「人家這麼幫你忙，你記得要認真做呀！」說完，就趕緊到倉庫拿龍眼乾、醃漬的梅子，要我拿去送他們，謝謝人家幫我忙。

那時候，我像個拚命三郎。我的組員也是卯足了勁兒的衝刺，學校老師更是清楚從谷底爬起來，才有生路。終於十年的奮戰，我們改變了中興。

唉！時光飛逝呀！在中興待了十二年半的時光，被派任宏仁國中擔任校長六年，然後我又再回來中興，女兒已亭亭玉立就讀大學。

而今，年近半百的我，坐在昔日的階梯上，我開始問自己：

我能做什麼？

我要做什麼？

校長媽咪這樣說

在今天講求行銷的年代，大家一味的追求過度包裝，但包裝總有被打開檢視的時候。能讓行銷有長久的效益，必須有扎扎實實的內容物。

對一個人的行銷，光靠美麗的詞彙是空的，最佳的行銷就是那個人的作為。過去的作為將成為未來的助力或阻力，而歷史總是會回頭檢視的。

你能有幾個第一志願？

我最不能忍受的就是眼中只有成績的人。我最痛恨的就是只看重第一志願的人。

在我的昔日夥伴，也是我未來要借重的教務主任王仁穩，及總務主任張碧雲的陪同下，我們到家長會長家裡拜訪。據他們說這名會長是醫生，個性較內斂，因工作較忙，不常到學校，所以主任們與他並無多大的互動。

「大姊，他與之前的校長滿好的，你可能要注意。」仁穩當年與我一同進入中興國中服務，他便叫我大姊。那時我當了七年訓導主任後，便是交棒給他，與他很投緣，又有一份讓中興從谷底翻身的革命情感，如今他已儼然像是我的弟弟般了。

我笑著說，再大的困難都遇過。這回被調到中興國中，已受盡閒言閒語。「該來的就來吧！」我故作豪邁的說，但內心卻依然帶點忐忑：詹會長究竟是怎樣的一個人？

師生一起訂下「第一志願」

會長已在家等我們，我說明來意，邀請他主持迎新送舊活動。

他客套的說些場面話後，竟直接問我：「我們現在有七十幾個學生考上第一志願，你將來能創造幾個？」

我看著他，心想：這是醫生的傲慢嗎？這是什麼問題呀？

「我不是只要做那七、八十個孩子的校長。我要做兩千多個孩子的校長媽媽。我要照顧的是所有的孩子，而不是只有那七、八十位。」

我語氣堅定，但像吃了炸彈般，任誰都嗅得出火藥味，因我最最不能忍受的就是眼中只有成績的人。我最最痛恨的就是只看重第一志願的人，因此我開始侃侃而談，說到我在前一所服務的學校，宏仁國中推動個人的第一志願獎。我讓老師與孩子一起訂下屬於個人的第一志願的故事。

「為什麼第一志願一定是一中或女中？孩子可以依他們的能力與興趣，訂自己的第一志願。台中高工可以是第一志願，中興高中也可以是第一志願呀！」

我嘰哩呱啦的說起宏中每年三百名畢業生，超過五成，考上他們心目中的第一志願。我的語調愈來愈高，儼然就是迎敵應戰的架式。

過了第一關

我心想豁出去了。不管你要不要來主持，不管你喜不喜歡我，我就是一定要闡述我的理念，我就是要讓你知道，我李枝桃是怎樣的一個人。

我愈說愈激動，一旁的仁穩及碧雲臉色愈慌張，但奇怪的是，會長臉上卻開始有了笑容，且笑容愈來愈深。

等我說完，他似乎很滿意地點點頭：「校長，歡迎你，我一定幫你主持。未來如果你沒有特定的會長人選，我也一定繼續幫你忙。」

聽到會長這麼說，仁穩及碧雲鬆了一口氣的長吁一聲。

原來會長在測試我。哈！我——過了第一關。

我忙不迭地向他致謝。心裡好高興他願意休診來幫我主持，但更高興的是他贊同我的理念。

而最最高興的是，未來與我一起合作的會長是關心教育的人，不是個傲慢的醫生呀！

我真幸運呢！

校長媽咪這樣說

家長會長是校長的好夥伴。夥伴貴相知，若因其出錢出力，即卑躬屈膝，不對等的關係除了矮化自我外，還不當造就了會長的氣焰，所以，與其小心翼翼對會長逢迎拍馬，不如大膽闡述自我理念，尋求認同。

不怕大減班

身為教育工作者，我必須顧及到學習弱勢的孩子。

「校長，聽您說了這麼多，我們都知道您對教育的用心了，但我們只想知道您能不能答應我們，讓我們的孩子都在同一班？」一名家長，面露不耐煩神色地問我。

我看著他，堅決地搖頭：「只有一個答案：不行。」

那家長氣呼呼地吆喝大家：「那我們可以走了。」

要走之前，還撂下話：「別的學校都答應願意配合了。中興還跩什麼？」

我笑著看他們離去。其中有一個要叫我姑姑的遠親，特地上前握我的手，表達抱歉。

我笑著說，沒關係，但心裡其實很失望。

對老師的相挺

他們走後，看得出來，安排這場中興參訪，由我與這群某國小六年級的家長，面對面談教育理念的教務主任非常失望。

「大姊，這些學生都很優秀。如果可以進來，就可保住一個班。如今，他們可能都轉往別的學校了。尤其現在外面都傳說您堅決主張常態編班。您真的這麼主張嗎？」仁穩愁容滿面的問我。

我沒正面回答他，反問他編班的想法。

他開始興高采烈地闡述他的理念：「大姊，我擔任教務主任後，因應學生學習M型化，將學生分段編班。除了方便老師可以編選適合他們的教材外，我讓前段班的班級學生多一些，後段班的班級學生盡量少，好讓老師能針對後段班學生，進行補救教學。最重要的是，讓這些孩子多受到一些照顧。這些年來，證明我的理論是正確的。我們的成績蒸蒸日上，只有這樣，才能真正照顧到後段的孩子。」

看著講到編班就意氣風發的主任，我告訴他：「你就做你想做的吧！我會挺你，該我負責的，我就會負責。」

仁穩似乎有些詫異，他一定以為我回來，會大刀闊斧的改變呢！

照顧學習弱勢的孩子

其實也曾有朋友問我，我當時就說：「中興像艘大船，要轉彎，也要慢慢轉。一下子九十度大轉彎，是會翻船的。」

「編班只是一種形式。教育的重點，在於有沒有對孩子一視同仁，給予孩子適切、有用的教育。我反對把後段孩子犧牲掉的能力編班，但我也反對持著常態編班的正義大旗，編完班後，卻對班級內成績差的同學置之不顧的假公平正義。」

我說到這裡，看著主任，說出我的要求：「不管哪一種編班，都必須顧及到學習弱勢的孩子。」

他點頭同意，也提到自己曾經是後段班的學生。那時滿江紅的成績單不但讓老師、家長幾乎對他放棄希望，甚至連自己都要放棄自己，所以他了解後段孩子的需要。

我想到他完全不怕丟臉，每年都拿出自己的高中成績單來鼓勵學生的事。

我確信仁穩絕不會放棄後段學生的。

堅持做對的事

「後段的學生就是自信心不足，加上成績不好，自卑感作祟，所以常在學校搗蛋。」仁穩提到他的觀察，我點頭贊同，並告訴他：「那我們就從『增強他們的自信心』和『提升學習力』開始，努力想策略吧！」

那一年，果然我們大減班，畢業二十三班，新生只有十九班，而且那些家長果真選擇他校就讀，外面的傳聞也繼續不斷，但我知道該堅持的、該挺住的，我都必須硬著頭皮、抬頭挺胸挺過去。

我握緊拳頭，對自己低吼了一聲：加油！

校長媽咪這樣說

在危急時，最易亂了分寸，忘了初衷。此時最不該輕易下決定。一個短視的允諾，卻可帶來長久的痛苦。

校長擁有的權力有一定限度，但校長卻有無限的責任，及大家無限的期待，能不謹慎嗎？

從刺蝟到小勇士

「我最後學會武裝，自己救自己。」

她開始像隻刺蝟一樣，反擊、反擊、反擊。

返校打掃的孩子詹雨心送給我一張卡片，上頭畫了可愛的樂器圖形。她說沒法子帶樂器來為我吹一首曲子，就以圖片來表示。

問她為何要送我卡片。她說我教他們分享關愛，讓她學會愛人的能力。

只要省下二十元飲料錢

在寒假前一星期，華山文教基金會的義工來找我，提到想為孤獨無依的老人募集年菜。

「大家要回家過年，無人送飯菜給他們，因此我們要幫他們準備六道菜，讓他們在過年那幾天，可以自己熱那些飯菜吃。」義工提到需要為兩百五十名住得較偏遠、無依無靠的老人募集年菜。

「一份是六道菜，六百元。錢不多，但足以供他們溫飽。校長，你可不可以幫我們忙？」

面對義工的請求，我提到元旦後，我們才辦理過寒冬送暖的義賣活動，並捐款給慈善單位。

「我不知道孩子們還會不會捐款？」我說了我的擔憂，並先認捐十份。

在那一週集合的時間，我要孩子們想想一個情況：我們一家團圓過新年，在偏遠山區，卻有無依的老人因為沒人送餐而餓著肚子過辛酸的年。

「如果你有多餘的二十元要買飲料喝，是否就省下來？三十人就可以幫忙一個老人，讓他過一個簡單，但可以溫飽的寒冬。我相信當我們吃著年夜飯時，想到遠處有一名老人，因我們的幫助而能度過寒冬，我們這個年一定過得更有意義。」

我如此呼籲，獲得全校師生的響應。第二天便捐了十六萬多元，遠超過兩百五十份所需要的金額。

「我覺得今年過年，大家一定會特別快樂，吃年夜飯時，若想到那些老人正吃著我們捐助的年菜，大家一定會覺得這個年，過得特別有意義，年菜會特別好吃。」雨心說到班上同學踴躍集資認捐的情形，眼角藏不住得意的神采。

脫掉刺蝟衣服

這孩子經常有事沒事的經過我辦公室，探頭進來與我打招呼，或是藉著來我辦公室拿冰水，和我小聊一下。直爽的個性讓人印象深刻。「小寶貝，你真是可愛極了。」我每次一說她，她就會抱抱我，說：「校長媽咪，你是我們的老寶貝。你也可愛極了。」

有一天，她拿著一個裝著六、七隻蝦子的塑膠袋，說要送我當生日禮物。

我驚喜萬分地將牠們倒入櫃子上的小水缸裡。

「你怎麼會送我蝦子？有特別的意義嗎？」

面對我的詢問，她神祕兮兮的遞給我一封信。要我看了，就知道答案。

她去上課後，我打開信件。厚厚的一疊紙，寫著她在國小時，遭受霸凌的情形。她向老師、家長都說了，但狀況並沒有變好。

「我最後學會武裝，自己救自己。」她開始像隻刺蝟一樣，反擊、反擊、反擊。她在信中說自己不喜歡這樣帶刺的自己。她雖不再輕易受傷，但她也失去了友誼，不再有愛。

進入中興國中後，她同樣帶著防衛心來上學。有一天，導師林婉菁看著她說：「孩子呀！你什麼時候要把你的刺蝟衣服脫掉呀？這裡很安全的。」

她聽到的那一刻，整個愣住了，但還是ㄍㄧㄥ住。回到家後，卻放聲大哭。

「校長媽媽，您知道嗎？蝦子需要在一個安全的環境，經歷過一次次的蛻皮成長，才能變成武士。」雨心在信中，謝謝我給他們一個溫暖、安全的中興大家庭，讓他們能安心的蛻變成武士。

我讀著讀著，眼睛一陣酸楚。

看到她強調的兩句話：「一個安全的環境真的很重要，一個愛的環境更重要。」再看看在我水缸裡優游，上上下下的蝦子。

我在心底發誓，一定要讓所有的孩子感受到溫暖與愛。

不能讓中興丟臉

因為蝦子的關係，她更常到我辦公室串門子、聊天。有一回，她看到重慧老師憂心忡忡地離開我辦公室，她問我怎麼回事。

我告訴她，因為樂隊獨奏的同學突然在二月轉學，眼見三月就要代表南投縣參加全國競賽，要換樂曲也來不及了，所以大家都很憂心呢！

「那怎麼辦？我聽說這一段獨奏超難的。怎麼辦？」她也跟著急了。

我安慰她，沒關係的，樂團指揮謝北光老師應該會想辦法的。

隔了幾天，重慧老師來跟我報告說樂隊獨奏的難題解決了。「一個三年級，叫詹雨心的孩子自願練習，參加比賽。」

我一聽，整個人驚嚇到了。

這孩子因為模擬考成績總是有幾科還是拿C，焦慮不堪。她說想讀的高職，必須要五B以上，才可能考上，所以她拚了命的努力，想在最後幾個月衝看看。

「怎麼她會做這樣的決定呀？」我實在好詫異。

「校長，她以前也是管樂團的成員，正好也是吹黑管的，所以她一聽，就去找謝北光老師拿樂譜。她正義感十足地說：『絕不能讓中興丟臉。中興丟臉，就是南投縣丟臉。』」重慧形容雨心講話的模樣，我完全可以想見。

那是你教給我的能力啊！

我利用下課時間，趕緊找雨心來。不希望她為了樂團練習，影響她的功課。

她笑著說，爸爸和導師也是這麼說，而她已答應他們要維持好成績。然後她就興奮地說，她利用放學後的時間，拿樂器到田間小路練習。寒風刺骨真的很辛苦，但更激勵她要堅持下去。

她還說，晚上讀到一個段落，拿起樂器來吹，沒想到鄰居就來按門鈴抗議，所以她只好利用早上早一點到學校來練習。「你放心，我不會丟中興的臉的。」

隔週升旗集會時，我便說了雨心主動協助樂團的故事。「不管我們的成績如何，我已然定調我們是第一名的隊伍了，因為我們中興管樂團的隊員肯犧牲、願意全力以赴。他們已不是為成績在演奏，而是在為名譽榮耀而演奏。」

「感謝你，詹雨心寶貝。」我說完那一天開始，許多人經過她的身旁，都跟她說加油，或是豎起大拇指，讚美她好棒。

她跑來找我，興奮地說：「校長媽咪，謝謝你！」

我說我沒有溢美之詞，她的行為的確讓人讚賞。

她害羞地說：「那是你教給我的能力，愛的能力呀！我真的很愛中興這個大家庭，我願意為它做任何事的。」

她說完，高興地去上課，到門口還回頭調皮地說：「我不是刺蝟，我已經蛻皮成為勇士了喔！」

真好！我的小勇士。

校長媽咪這樣說

「嚇死我了，嚇死我了。」會考成績公布那天，雨心快速衝進我辦公室，上氣不接下氣地直喊。

雨心是個粗線條的孩子，活動力比別人強，說話永遠像衝鋒槍一般，很單純可愛，但往往疏忽了該注意的禮節。我每回糾正她，她便張大一雙無辜的大眼，吐舌頭道歉。

「寶貝，沒注意到我這邊有客人嗎？」我又再次提醒她。

她拉緊胸口衣服喘氣，並點頭表示知道，待氣平順了才說：「校長媽咪，你知道嗎？我最擔心我的爛英文的。我之前一直努力的背，就希望能拿到B。考完後有幾題完全沒印象，我就擔心會拿到C。結果會考成績出來，你知道我拿到什麼嗎？」

她說到這裡，故意吞一下口水。

我微笑地看她。

她緩緩地伸出食指，在空中寫下B，並大聲喜悅地說：「是B耶！是B耶！」

我糗她：「明明很高興，還故意喊，嚇死了。如果不是心臟夠強，會被你嚇死了。」

我恭喜她一番，她高興得手舞足蹈：「我五B、我五B。」逗得我朋友也笑了開來。

她報完喜訊，又要趕著去跟他人報喜訊。

她一走，朋友笑著問我：「會考成績最高不是A++嗎？五B可以上第一志願嗎？」

我知道朋友的意思，她覺得上不了一女中，有何好高興。

「上不了大家口中的第一志願，但上得了她心目中的第一志願，這就可喜可賀了，何況這是她自己決定要拚的，努力過後的果實最甜美了，不是嗎？」

然後我說起了雨心的故事。朋友笑著點頭說：「她好棒喔！」

是呀！雨心好棒呀！

會公開道歉的校長

校長做錯事道歉，是天經地義的事，沒什麼。

學校前面的中興路，在平常時段車流量不大，但只要是上下學時間就一定會塞車。因為兩千名左右的學生多半是家長接送，車輛多，自然造成交通阻塞，所幸學校有五個出入口，且適度分流，所以只會塞二十分鐘左右，都在大家能接受的範圍內。

但要是下雨天，大家就頭痛了。一些騎自行車或走路上學的孩子，家長因安全的因素，也會開車接送。這些家長平日不知動線，又心疼孩子淋雨，總想在離大門口最近的地方讓孩子下車，於是塞車的情況會加劇到令人頭痛的地步。

眼裡冒煙

這一天，一早就下起不小的雨。我如常站在大門口與孩子打招呼，順便幫忙看一下交通。訓導處在鄰近大門處放置了許多三角錐，不讓家長在那裡停車。

我看到離警衛李先生站的地方不遠處，有幾個三角錐倒下來。我不動聲色地看李先生會不會主動去擺好，沒想到他竟視而不見。

我肚裡一把火，愈燒愈旺，忍不住喊了出來：「李先生，三角錐倒了，你沒看到嗎？麻煩你把它擺好。」

我看到他一隻手撐著傘，另一隻手，永遠不變的斜插在褲袋裡。我看得眼裡冒煙，心想：這個人真是個痞子，裝帥呀！

李先生走過去，想用腳把三角錐弄好。他這個動作讓我更生氣了，真想衝過去自己弄算了。

然後，我看到他把傘放下。雨水滴呀滴的，滴在他身上。他用撐傘的手，把三角錐排好，等把三角錐擺好，再拿起傘。他的衣服濕了，另一隻插在褲袋裡的手，這時不小心露了出來……原來，他另一隻手沒有手掌。

我驚詫到無以復加。我一直誤解他了，他不傲慢，是我有偏見呀！

出人意表的校長

那天，我一直愧疚不安。我對碧雲說了這件事，她也很驚訝地說：「我們就是因為需要進用殘障人士才聘他的，您不知道嗎？」

可能因為他做事伶俐，平日手都放在褲袋裡，我都認定他是痞子耍帥，從沒想過他竟是殘障人士。

週二升旗集合的時候，我先問孩子：「你們可有看誰不順眼的時候？可有認定他人行為不當的時刻？」然後，我講了那天早上有關李先生的故事。

「或許你也和我一樣直覺認定他態度不佳、行為不當，但我們從沒想過，可能是自己未查明真相，可能是自己的偏見所致……」我頓了一下。

那天，我公開向李先生道歉。

「校長，我的孩子回來說你向警衛道歉。」一名來接孩子的家長看到我，直接說了這件事。

我又把那天的事再說一遍：「是的，我該向他道歉。我對人有偏見就是不對，當然該道歉，這與職務高低無關。」

「以前，我也對他印象很差。校長，你一講後，我就清楚了。」家長說他會重新調整對李先生的態度，然後他又說了一句：「我孩子說校長會公開道歉，很不容易。」

我笑著說，我又不是聖賢，做錯事道歉是天經地義的事，沒什麼。

校長向學生道歉

我想起另一件事，那是我在擔任訓導主任期間。當時我大力宣導環境教育，垃圾分類回收。有一天，處理事情拖得太晚，我吃完便當後，卻忽略了分類。我順手將墊的紙往上一包，橡皮筋一紮，就往垃圾桶裡丟。

下午，第二節下課的打掃時間，一名整理訓導處的孩子拿起我丟的便當盒，大聲地說：「這誰呀？亂丟垃圾，都沒有做分類？」

我一看，是我的。當下羞愧到低下頭看公文裝忙。等孩子掃完出去後，我已流了一身冷汗，趕緊跟當時擔任訓育組長的碧雲說：「我好丟臉喔！那孩子說的就是我啦！」

碧雲看著我說：「主任，我也覺得好丟臉。」

我高興地說：「哈！原來你也這樣呀！」

碧雲看著我搖頭說：「不是，因為你是我的主任，所以我也覺得丟臉。」

家長聽到這裡，已忍不住哈哈大笑。然後，又急著問我：「那你怎麼做？」

第二天，我利用升旗時間把整件事說了一遍。謝謝那位打掃的同學讓我知道：**要求或責怪別人很容易，但實際上自己偶爾也會犯錯**。我也向那位同學道歉，讓他幫我做分類，我很慚愧。

「校長，你很不容易。」家長聽完，很鄭重地說了這一句。

校長媽咪這樣說

我的女兒曾經被老師誤會，而打了手心。我要求她，要勇敢地跟老師說明。第二天，我問女兒解釋完後，老師有沒有道歉。女兒搖頭，說老師聽完就回她：「昨天你為何不說？打都打過了。」所以她當時就說了這句話，「老師是不會跟學生道歉的。」

很多人，尤其是大人或位階高的人，會覺得道歉讓他拉不下那個臉。其實道歉的行為是勇敢的行為。我真心誠意地道歉，得來的是家長與孩子的敬重。

一名孩子跑來跟我說：「校長媽咪，你是我看過最勇敢的人。」

他說他平日覺得要向人道歉就是承認自己錯了，就會被瞧不起，所以死不認錯，現在他知道能誠摯地說對不起，是徹徹底底的勇敢。

「我以後會常說對不起的。」孩子這麼說，我趕緊糾正他：「要敢說對不起，但不能常常說，常常說代表你常做錯事，代表你沒有考慮清楚，沒有克制力、沒有判斷力，所以不要常常說對不起喔！」

孩子故意立正敬禮說：「是，對不起。」然後又調皮地更正：「錯了，不能常說對不起。」

孩子嘻嘻哈哈地走了，我也輕鬆愉快地準備回家。看到李先生在關各棟樓的鐵門，我以愉快的語調說：「春奇，再見。」

他略帶尷尬、驚喜地說：「再見。」然後想到這樣回答好像不太對時，又再更正說：「校長，再見。」

我輕輕吹起口哨回家。

他們都是啞巴啦！

只要誰提起她的父母，她就與誰拚命。

教務主任在主管會報時提醒學務主任，新轉來的那一個女孩子，說父母工作忙，由已經出嫁的姊姊帶來報到。雖然轉來的資料上沒有任何紀錄，不過一臉桀驁不馴，應是紀錄被上一所學校消除了。「可能要注意點喔！」

總是一臉酷酷的達祥主任，用大眼睛看仁穩一眼，沒任何表情地說：「來我訓導處時，我只說一句：『你父母再忙，都應該要帶你來的。』她就瞪大眼，像要跟我拚命一樣，看這樣子，也知道她不乖。」

「看孩子的未來，不要看過去吧！」我以這句話當作結語，沒人再多說一句。

但是，第二天達祥即報告轉來的孩子中輟了。導師一直打電話到家裡，都沒人接，連訓導處打，也一樣沒人接。達祥準備和輔導主任佩君去孩子家裡訪問。

沒想到，他們洩氣地回來。告訴我，那孩子的家在鄉間，四周就他們一戶人家，敲門敲了半天，也沒人應門，應該是出去工作了，所以他們準備晚上再與家長聯繫。

第三天，孩子還是沒來學校，他們也還是聯繫不到家長。

達祥說晚上若聯繫不到，隔天一早，要趁孩子父母未上班前，就到她家去等。「連續三天不到就要報中輟。明天是她缺席的第三天，一定要找到她。」

第四天，他們果真找到她了。

達祥火大地訓她，還氣著說：「我們多少人打電話到你家裡，為什麼你爸媽都不接電話？」

據達祥說，那孩子惡狠狠地瞪著達祥，吼叫著：「他們是啞巴啦！」

當她吼出這句話，達祥的口氣及臉色馬上軟化了。

環境能改變一切

佩君接手安撫孩子。兩人把她帶回學校。輔導室開始介入輔導，他們安排了陪伴小天使陪伴她。

當天正好有烘焙職群的技藝課程，在小天使的邀約、慫恿，還有輔導老師的鼓勵下，她也加入烘焙職群。從那天開始，她正常的來學校上課。

我誇讚輔導室處理得宜。

佩君笑著說，那孩子是因為自卑。她說，只要誰提起她的父母，她就與誰拚命。「我們慢慢輔導吧！」

從那天後，我便不再聽聞那孩子的事情，應該是穩定學習了，我也放下一顆心。問佩君她的學習狀況。

佩君說她氣質整個改變了。「校長，你經常看到她呀！你可以自己問問她。」

佩君告訴我，這一段時間送麵包到我辦公室的那女孩，就是她。

我張大嘴，不敢置信，因為送麵包來的那女孩，把前額的頭髮都夾起來，看起來清清爽爽，是一個非常清秀、可愛的小女生。

若她送來時遇上我辦公室有客人，我還會藉機跟客人說：「瞧！我們烘焙班的孩子氣質多好、多漂亮呀！」女孩會高興地直說謝謝，所以我完全沒辦法把這女孩，與剛報到時主任形容的她聯想在一起。果真是環境可以改變一切。

孩子說：「我可以的。」

第二學期，在某次主管會報上，佩君報告要提報總統教育獎的名單，大家選定的對象竟是她。

我皺著眉說，不妥吧！

佩君急了，解釋現在的她多麼上進。突破家境困苦，努力考取了兩張證照，而且在烘焙班裡擔任小助理，認真負責。

「我不是否定她的表現。只是你們該考慮清楚，也該讓她知道，提報出去後，一定有訪視。當訪視委員問到她的家庭時，她會不會抓狂？她能否接受，說明家中父母的情況？」

我這一說，佩君就放心地笑了。

她把一切都告訴那孩子了，孩子說沒問題。

第二天，那孩子送麵包來我辦公室時。我拉著她坐下，我恭喜她被推舉參選，並再度把一切訪視過程說一遍。

孩子微笑地說：「校長媽咪，我都知道。我可以的。」

她訴說起前一所學校，只要有同學拿她父母的事笑她，她就打同學，所以被記了好多小過。

導師氣得說：「你體力那麼好，去練體育好了。」後來還勸她轉學。

她轉來中興後，發現這裡沒有人會嘲笑她，而且老師們常說：「不要以父母的成就榮耀自己，重要的是，我們要以自己的努力成就來榮耀父母。」

「校長媽咪，你放心好了！我不會再覺得他們是恥辱了。我將來會以我的成就，來榮耀我的父母的。」

那孩子給了我一個堅定的笑容。

我忍不住抱住了她，要她加油。

她離開我辦公室時，還回頭再說一句：「我可以的。」不知怎麼的，當下，我的淚竟不爭氣地掉了下來。

寶貝，你一定可以的。

校長媽咪這樣說

經過訪視，雖然她無法脫穎而出，但孩子很高興、很滿足地朝著目標前進。畢業後，也順利考上國立高職，也努力地成為學校的比賽選手。

至今，我都忘不了她回頭說的那一句，「我可以的。」

其實，每個孩子都可以的，就端看我們怎麼教導、怎麼培育了。

療癒的牛軋糖

「寶貝，那是你牛軋糖賣給人家的價錢。你怎麼可以賣我一百七十元呢？」

一個就讀高職的孩子在結業式後的下午回到學校。他以前在學校時就是烘焙職群的孩子，他在校時，便考了兩張丙級證照，是個非常優秀的孩子。

「到高職就讀後，才知道中興的好。」這孩子悠悠地說起到高職後，他努力地學習，希望能考上乙級證照。卻沒想到過程中，除了材料要自己準備外，竟然連練習桌都得向學校租借。

「一張桌子五百元，搶錢哪！」孩子驚叫的表情，讓人忍不住笑了出來。不過，伴隨著笑聲，也緊跟著一聲嘆息。我感嘆，窮苦人家的孩子怎麼付得起呀？

「以前在中興練習時，麵粉、奶油、糖等等材料，都任我們取用練習。我們從來不知道材料那麼貴，也沒有算過我們考一張丙級證照，學校得付出多少錢？到了高職後，算一算，一個人最少也要花一萬元以上。以前我們每年都有幾十人考，而且有的人還考兩張、三張。」

孩子說到這裡，深呼吸一口氣，然後滿是感動地說：「天啊！中興好好唷！」

無止境的攻訐

孩子的感慨，也帶動我的感慨。我到台中參加實用技能教育的會議，當時是為了討論是否要刪除「丙級證照得加分」這一規定。

我表達孩子既已努力練習，鼓勵的象徵意義大於實質加分的意義，所以應該要保留。結果造成我飽受攻擊，有人以酸不溜丟的口吻說：「李校長，你們栽培學生考丙級證照，已經造成其他國中的壓力，你知道嗎？」

也有高職的校長，竟直接說：「你們教學生考丙級，那我們高職教什麼？」

當時，我看著那些攻擊我的高職校長、主任們，心冷到極點。

其中，有一所高職的比賽選手，大部分還是中興國中栽培出來的學生，但派來開會的主任，以教育家的姿態批判我，「揠苗助長」、「讓學生過早學習」。

佩君主任及輔導室的組長們，一聽我說到會議情形及表決結果，大家氣憤地說：「他們應該來看看我們怎麼訓練的。」

「考證照的年齡限制滿十五歲。我們的孩子都是符合規定的，難道政府這規定也是過早嗎？」

「我們推展技職教育，讓多少孩子留在學校，不在外面遊手好閒，製造社會困擾，他們可有想到？」

我勸他們冷靜。刪除加分規定的用意是公平，這我們都清楚。畢竟不是每個孩子都滿十五歲，也不是每個學校都能供得起孩子練習的。

「只是，校長，大家看我們的成績斐然，就四處放話，中傷我們，讓人不舒服啊。」佩君委屈地說起去開會時，老聽到一些風涼話，冷到牙齒都要打顫。

「別理那些鳥人（眼紅、嘴尖、心小、骨輕）了。我們的重點在孩子的教育，堅持做對的事就好了！」

我雖這麼安慰佩君他們，但內心仍忍不住一聲嘆過一聲，南投教育界的螃蟹文化何時能消除呀？

孩子教會我們的

那個孩子與我聊過後，一個去年畢業的孩子也跑來學校找我。她的兩手放在後面，我隱約看到她拿著兩包手工製作的牛軋糖。

我高興地招呼她，並詢問她的狀況。她謙卑地先說還不錯，然後開始說起被學校選拔為烘焙比賽的選手，所以這個寒假，她要加緊練習，因為烘焙比賽必須買一些模具，但貼心的她不想花家裡的錢，因此就想善用自身的專長，製作牛軋糖販售，希望用自己的力量買到需用的物品。

「我不要靠別人幫忙，我要自己幫助自己。」孩子一臉驕傲的神采。

「所以，校長媽咪，這兩包就是要賣給你的。」她笑咪咪地拿出那兩包牛軋糖，說一包要賣一百七十元。

「寶貝，那是你賣給人家的價錢。你怎麼可以賣我一百七十元呢？」

她聽到我這麼說，臉上有點為難地問我：「那要賣多少呢？我已經收很低了呀！」

「我是校長媽咪，有能力購買，當然一包要賣我五百元呀！兩包要一千元才對。」她聽到我這麼一說，頓時臉上的線條就放鬆下來，還頻頻說，自己不可以賺那麼多。

我提起她以前在中興國中時，遇日本三一一大地震，烘焙職群的孩子想做麵包義賣捐款。當時她就到我辦公室跳腳，說老師怎能和學生一樣，花五十元買一條吐司？「老師有錢，有能力，應該五百元買一條吐司才行。」當時她在我辦公室大義凜然地說，有能力的人就該多捐一些，才符合社會公平正義。

後來我到輔導室訂購四條吐司時，就講了這件事給大家聽。沒想到一個背對著我，正在幫忙數錢的孩子轉過身來，竟然是她。

那一天，我花了兩千元，訂購四條吐司。將吐司分送給朋友時，也分享了這個故事。

「畢業後，怎麼就不一樣了呢？有能力的人，就該幫助別人多一些。你不是這麼告訴我？也是這麼堅持的嗎？」

於是，我硬是拿了一千元給她。她高高興興地走了，臨走前，還告訴我，明天要多拿幾包，讓我分享給朋友吃。

我把牛軋糖分享給同仁，告訴大家：「那孩子以前說有能力的人要多付出一些，才符合社會公平、正義。現在她說不要人家幫忙，要靠自己的力量幫助自己。」大家一邊咀嚼牛軋糖，一邊說滋味真好！

我也一邊嚼著，一邊想著那孩子說的話。有能力的人就多付出一點吧！計較什麼呢！我心裡漸漸釋懷了。

原來牛軋糖真的有療癒效果呢！

校長媽咪這樣說

有人說抓到螃蟹時，根本不需要煩惱牠們會逃出竹簍子。因為只要有一隻往外逃，其餘的螃蟹，就會將牠抓下來。

曾經有許多長輩都告誡過我，這樣的螃蟹文化存在公家機關中，所以他們希望我韜光養晦。美其名講韜光養晦，但，實際上是要我別出風頭，以免成為箭靶。

但我發現只要是認真的人，不需要出風頭，他的認真，就是那些混水摸魚的人的痛。

我認識一名以認真出了名的老師。瘦小的身子骨，卻有超人的毅力。她當導師或行政人員都戮力以赴。她的校長誇讚，一個她就可以抵過十個老師。但是，有一天，她卻來找我。一見面，她就哭了。

她小小的肩膀，隨著啜泣起伏，到最後嚎啕大哭而上下震動。她哭一會兒後，才說到學校的老師開會時抨擊她的情形。

「我們學校只有你認真嗎?家長竟然拿我們跟你比，說我們都比不過你。」

「你沒有家庭的負擔，我們可有呀！你責命的行為，已造成我們的困擾。」「你好求表現，私心想要考校長，是吧？不要四處表現得好像一切都是戮力為公……」她訴說同事攻擊的言語，句句是刀，字字是劍，割得她鮮血直流。

那一天，我以螃蟹文化及鳥人文化是一般常態來安慰她。她靜靜聽著，卻不發一語，眼神裡盡是蒼涼。

雖然最後她對我說，她已找到讓心裡平靜的方法。但她離開後，卻換我感到椎心之痛。這麼一位優秀、認真的老師，怎麼會受到如此傷害？我好氣她的長官沒好好處理，為她主持公道，竟任憑她受傷害。

後來她變了，卸下行政，她默默地做一名「教師」。

教育真的如此嗎？誰能去除教育界的螃蟹呢？

每個孩子都是瑰寶

「『他人』的看法不重要，重要的是：你會覺得自己不好、你會覺得自己不可能有一個璀璨的未來嗎？」我對維佐這樣說。

一個叫維佐的孩子到我辦公室問，可否和我談一談。

我讓他利用午休時間來我辦公室。這孩子的個頭不高，卻很有表演細胞。據說小學時曾拿過國標舞的冠軍，所以一臉慧黠又自信，但他來我辦公室後，卻訴說自己因為成績不佳，而感受到被歧視，覺得很痛苦。

我問他：「這些『他人』，我認為都不重要，重要的是：你會歧視你自己、你會覺得自己不好、你會覺得自己不可能有一個璀璨的未來嗎？」

維佐轉動慧黠的雙眼看著我，接著用力的搖搖頭，最後給我一抹微笑。

那天我和他一直交換著「自信」與「自尊」的不同解讀。他談完後，歡天喜地的離開。

幾天後，我看到我桌上放著一封信，是他放的。他在信中陳述自己如何喜歡跳舞，所以決心跳上舞台，讓每一個曾經瞧不起他的人，都為他鼓掌、歡呼。

看完信，我帶著滿意地笑容，將信收好，心裡也在思索著該如何幫他。

求教授再等一下

校慶前，我藉校慶之名，邀請台灣藝術大學的李英秀教授到學校來，其實是希望藉機讓維佐舞一曲，請教授指導一下。「這是你的機會，你要好好表現喔！」維佐興奮得直點頭。

當天運動會開幕典禮結束，我請教授到禮堂享用點心，觀看維佐的表演。李教授急著要離去。

我說：「只要十分鐘，只要十分鐘。幫我看看這孩子有沒有資質。」教授答應了，但走進禮堂，維佐卻不在。

導師急著說：「我讓他先進禮堂等候的。怎麼不見了？」

透過廣播找維佐，維佐仍沒出現。維佐班上的同學跟導師都急了。大家知道這是一個難得的機會，深怕他錯過了，於是大家分頭去找。

「我們真的該走了，也許以後還有機會吧！」李教授遺憾地說。

我求李教授再等一下，但心裡又急又氣，氣維佐為何在最後一刻消失不見。

最後沒辦法了，只好謝謝並向教授道歉。看著教授們離去的身影，我懊惱不已，也失望萬分。

「來了，來了。」同學一陣驚呼，但等維佐衝到禮堂來時，教授已等不及而離去。我難掩失望地說，沒法子了，教授走了。

同學們七嘴八舌地問維佐去哪裡了。

維佐紅著眼眶說：「我只是想讓教授看到完整的表演，所以跑進教室去化妝，並換裝，而教室沒聽到操場這邊的廣播。」說著說著，淚水已然在眼眶裡轉。

做最後的拚搏

導師問我：「校長，真的沒辦法了嗎？」所有的同學都以祈求的眼神望向我。

「我試著打電話，請教授回來吧！」我才說完，同學們鼓掌，又燃起一絲希望。

結果，李英秀教授願意帶著一群朋友，為這孩子回來。

舞台上的維佐，隨著音樂賣力地跳。他靈活地舞出了青春活力。禮堂裡的一些貴賓、家長們都情不自禁地為他鼓掌。

教授問我，可不可以嚴格地指導。

我點點頭，也想看看維佐在接受嚴厲批評後，是否仍有心。

教授與維佐在後台懇談。我在舞台下急著，終於，他們談完了。

發光的孩子

步下舞台的維佐臉上雖沒有笑容，但眼神卻多了一份堅定。他的眼神已然告訴我，也已然宣告：他一定會成功的。

我真為維佐高興，也為他驕傲。多少孩子在這個階段，還在為不知道自己的性向或興趣何在而徬徨，而他已然準備好出航。未來的路必然險峻，也必然艱辛，但我看到他的眼神，我相信他，一定會堅持下去的。

「校長，謝謝你為維佐做的一切。」曉禎老師像他的媽媽般地來謝謝我。

「校長，你為什麼對孩子都這麼好？維佐只說喜歡跳舞，想走演藝路線，你就幫他安排這一切。你不怕太大費周章嗎？」

我笑著，並告訴曉禎老師：「我怕錯過任何一塊瑰寶呀！」

校長媽咪這樣說

維佐後來到北部就讀華岡藝校，並以優異成績考上北藝大，繼續朝著目標前進。最難能可貴的是他懂得感恩，考上北藝大後，他去謝謝李教授，也回學校來謝謝我。

「校長，我真的很認真，我沒讓您丟臉。」維佐一說，我忙不迭地點頭。其實他在華岡的好表現，我都聽華岡的」永慶校長說過了。

那一天，我請他去喝飲料，他青春的臉龐依舊，且更增加了自信。

我真慶幸，我沒錯過這塊瑰寶！

不會再讓孩子補球了

「校長，你把這些成績差的孩子教得太好了。」謝爸爸對我說。

「回來拿月餅，去請學生吃吧！」中秋節前幾個星期，生性大方，喜歡分享的母親便收到許多人送她的月餅。她第一個想到的，便是叫我拿到學校給孩子們吃。

「你有沒有買中秋月餅，送那些幫你的人呀？」母親一問，我忙不迭地點頭外，也不禁向她訴苦：「每次中秋節都在為要買月餅，還是別的禮物而苦惱。每年送一樣的東西，顯得太沒新意。要送應景的東西，又怕人家收多了，造成人家的困擾。」

比月餅更有意義的禮物

上星期，一個多年老友謝沛謀先生。他也是我以前的學生家長，我都稱他謝爸爸。他打電話給我，劈頭就說：「校長，今年不送你月餅囉！」

我鬆了一口氣：「太好啦！我們就不要送來送去，省得麻煩。」

電話那頭的他，忍不住笑了出來說：「我要送你別的啦！」

我一聽，忍不住叫了出來：「不要吧！」

他嚴肅地告訴我：「不能說不要。」

他說他曾經來學校找我，我請他吃烘焙技藝班的孩子做出來的麵包，他驚豔不已，而當孩子落落大方地請他吃麵包，並對他說：「這是我們剛做好的紅豆麵包，請您吃吃看。」時，孩子臉上綻放出的自信笑容，那一幕一直讓他永遠忘不了。

「校長，你把這些成績差的孩子教得太好了。」他說他住家鄰近的一所國中，成績差的孩子無所事事，沒自信的樣子，讓他看了很難過，所以看到我的寶貝們這麼好，他回去後，便一直在思考要如何幫助我。

「所以今年我要送你麵粉，讓你的孩子們有練習的材料。這比送你月餅好多了吧？」

我告訴謝爸爸，這份禮物的確別緻、有意義，我收下了。

我以為謝爸爸只是送我們幾包麵粉，沒想到，他請廠商送來兩百斤的麵粉。孩子們興奮極了，還向我保證，一定會認真學習，考取證照。

中秋節前夕，孩子們做了鳳梨酥、芋頭麻糬小月餅，請我拿給謝爸爸，並說：「想謝謝叔叔的麵粉情。」他們笑咪咪地說，小月餅不加蛋黃，也盡量少糖、少油。「保證低熱量的喔。」

我把這份情意帶到，住在水里的謝爸爸驚喜地接過。小鄉鎮的人特別熱情好奇，看到我來，也走過來聊聊。謝爸爸高興地把他的想法、作法，說給左鄰右舍聽，大家直誇他有愛心外，也轉頭問我：「還有什麼需要的嗎？」「下一回，麵粉換我送好了」……

縫補到不像樣的棒球

我帶著滿滿地感動回到學校，沒想到，同事興奮地告訴我，有人託海運寄來五大箱的禮物給我。我們興奮地打開，是四百顆硬式棒球及十支球棒。

「哇！」我叫了出來，是天雕大師白滄沂先生介紹的朋友廖繼富董事長寄來的。我與他只有幾面之緣，我們曾說起經營棒球隊的艱辛，沒想到他竟特地從美國寄來這些禮物。

我打電話向他謝謝。他輕輕笑著說：「沒什麼啦！不夠再說，祝你中秋節快樂。」

我忍不住激動地說：「這是我最快樂的中秋節，今年的中秋節太快樂了。」

我興奮地打電話給蔡豐安教練。我說：「硬式棒球一顆應該要幾十元吧！四百顆，也要不少錢呢！」

蔡教練笑了。他說：「校長，沒有幾十元啦！」

我為自己的無知感到不好意思。「不管多便宜，都要感謝人家的心意。」

蔡教練又笑了：「校長，不便宜呢！不是幾十元，而是幾百元啦！」

他告訴我，因為球很貴，所以中興國中棒球隊的孩子都必須幫忙把打破的球縫縫補補。

沒多久，他就拿了一顆補過的球給我看。

我看到那顆縫到不像樣的球，心疼地說：「哎呀！真是玩三年，破三年，縫縫補補又三年呀！」然後我開心地說：「以後不要再補了，只要我在，我就不會讓孩子再補球了。」

再分享出去

「校長，有一些學校也很辛苦地在經營棒球隊。我們分一些給他們，好不好？」蔡豐安教練問我，我感動得直點頭。點得太用力了嗎？眼淚都被逼出來了。

真好呀！收到麵粉的孩子保證認真學習，並且討論著要做麵包給哪些社福單位分享；收到棒球的教練，建議與一些有棒球隊的學校分享。

我吃著孩子們做的小月餅，忍不住讚嘆，味道真好！分享的滋味真好呀！

校長媽咪這樣說

我常想，許多人願意捐錢或其他物資給我，並不是因為我的口才好，或是計畫寫得好，更不是我有什麼人脈，而是我的寶貝們太令人感動了，他們的表現讓大家看見了。

第四張證照

兩個臉上帶著殺氣，將來有可能成為大哥級人物的孩子，卻成功考了四張證照。

主管會報時，佩君得意地報告：「校長，今天小偉和小翰要去考丙級烘焙證照，這可是他們畢業前考的最後一張，也是他們的第四張喔！」

說到這兩個孩子，訓導主任達祥在主管會報中提過。他戲稱這兩人將來有可能成為大哥級的人物，因為他們臉上帶有殺氣。當時我們決定讓這兩個孩子加入烘焙班，由淑惠老師來帶。

淑惠老師雖然只是外聘的烘焙老師，但帶領孩子很有一套。每個孩子都繞著她喊媽咪媽咪。

連假日也練習

「怎麼老虎到你那兒，便變成綿羊了呢？」我直誇淑惠把這兩個孩子帶得好。

她笑著說：「校長，是你啦！你沒發現，我都叫他們兩個送麵包到你辦公室嗎？我故意這麼做，是因為你很會鼓勵他們。他們送去，你就開始誇他們厲害、本事大，還說他們帥氣逼人……他們回來後，都學給我聽。我發現你的鼓勵對孩子來說，真的很受用。」

我笑著說，淑惠更會鼓勵人，卻淨把功勞往我身上推。不過，不管是哪一樣奏效，重點是孩子變了。

這兩個孩子從麵包、糕餅、蛋糕，一直考到中式糕點，這都是他們假日留在烘焙教室練習的成果。

大人要相信孩子

「在哪裡考？誰帶他們去？」我問佩君。

當佩君說出屏東時，我已倒抽一口氣。又聽到他們兩人自己去，沒有任何一個大人帶領，我整個人已忍不住急了，並責怪佩君：「你又不是不知道他們的過去。若是他們藉機出去玩，或發生任何事，我們怎麼擔待得了呀？」

佩君無辜地看著我，要我相信孩子。

那一天，我一整天忐忑難安，直到傍晚六點多傳來消息。他們考取了第四張證照，壓著我心裡的一塊石頭才放下來。

第二天，孩子迫不及待地來跟我分享。我除了誇他們之外，也說到我的緊張。「你們去到那麼遠的地方考試，沒一個大人陪著。我嚇壞了。」

孩子笑了，得意地說，他們有做功課。他們出發前，已上網查詢搭車的路線，完全沒問題。

「校長媽咪，我們導師本來要帶我們去，但我們堅持不要，他最後還求我們說：『拜託你們，讓我這個導師為你們做一點事吧！讓我參與，好不好？』所以我們就答應讓他一早開車載我們到員林火車站搭車。」

兩個孩子訴說著遠征的經過，像個成功的戰士，帶點驕傲、自得地告訴我：「校長，你應該信任我們的。」

我霎時臉都紅了。平時，我口口聲聲說該信任孩子的能力，但卻在關鍵時刻暴露出我的不信任。唉！孩子說對了，我是該信任孩子的。

最好吃的謝師宴

「校長，我們爸媽想請你和主任們吃飯，想謝謝你們對我們的教導。」

孩子一說，我立即回絕：「這本是我們該做的事，不要讓父母破費。」

孩子轉動著眼珠，想著辦法。「那如果是我們兩個自己動手煮菜，而且菜錢不超過五百元呢？你們是不是就可以來？」

我一聽，就知道他們非請不可，因此答應了。其實我也想看看他們能煮出什麼料理呢！

「來！這是麻婆豆腐、這是家常豆腐、這是炸米血糕、這是米血關東煮、這是豆腐味噌湯、這是炸豆腐……」孩子們端出一道道親手煮的料理。的確是便宜的料理，但吃到嘴裡，卻更勝鮑魚、干貝。孩子的父母在旁，一直搓著手，不安地說不好意思。

「這是我吃過最好吃的謝師宴。」孩子們聽我這麼說，得意地笑了。

我夾起一塊米血關東煮放進嘴巴裡，滋味真的很好呢！

校長媽咪這樣說

那一天，我在小偉家看到小偉的弟弟。小偉的媽媽說，原本最擔憂這個小的，但因為小偉在學校考取四張丙級證照，所以弟弟說，他也要跟哥哥看齊。弟弟自信滿滿地看著我說：「校長，你要等我喔！」

我說：「我會等你！」

每個孩子都值得等待，不是嗎？

附註：我們孩子做的麵包不論成功與否，我們同仁都花錢買下了，所以孩子們只要做麵包，一定會送到我辦公室來，並非我們圖利自己。

孩子的天賦，不一定都在成績

簡老師看孩子們氣質優雅，隨口問：「你們是資優班嗎？」

他們笑著回答：「我們是烘焙班。」

「請你們嚐嚐看，這是我的寶貝們做的麵包。麵皮軟硬適中，內餡、甜度恰如其分。最重要的是，為我們這些老人家設想，減油減糖……」只要一有人來找我，我一定拿孩子們做的麵包請大家吃。

已退休的簡銘全老師，同時也是我的好友。他有一回帶著一群朋友來看我，我在請他們吃麵包前，先介紹了一番。

他笑著說：「校長，你是最佳行銷員喔！」

他的朋友錦華女士也笑著說：「校長，你說『寶貝、寶貝』的，像個驕傲的媽媽唷！」

是呀！我是個驕傲的校長媽咪。我迫不及待地要讓人家知道我的孩子們有多麼好，尤其是這些孩子們。

孩子們烘焙出專業麵包

我跟他們提起在農曆過年前，縣長約見我們赴美交流的孩子們。當時我便主動要求約見的茶會餐點，由我們準備。

回校後，我問烘焙職群的孩子：「寶貝，你們可以嗎？」

孩子們聽到，高興得直叫：「可以、可以……」

那一天，赴美交流學習的孩子到縣長辦公室，接受縣長的授旗及叮嚀。孩子們以英語，流暢的談到要教外國人說中文、寫書法。

縣長讚賞地說：「哇！你們英語說得這麼好！」他並說起自己用菜英文接待外國貴賓發生的糗事。大家哈哈大笑。

我另外載了四名烘焙班的孩子，帶著他們親自烘焙的鳳梨酥、起司蛋糕、巧克力蛋糕等，請縣長及縣府的叔叔、阿姨們吃。大家都睜大了眼，不相信那麼美味的點心，竟然是出自國中生的手藝。

縣長咬了一口紅豆麵包，睜大眼說：「這些麵包可以上市賣了。」一個孩子調皮，卻帶著自信地告訴縣長：「我若開業，一定請縣長來剪綵。那日子『應該快到了』。」一孩子調皮地說著，大家不禁笑開來。

「校長，你們學校不是以升學為導向嗎？沒想到學生也這麼多才多藝喔！」縣長室田科長詫異地問我。

我笑著告訴她，任何孩子都要升學的，任何學校也都以升學為導向，只是升高中、高職、五專等的不同，沒有一所學校會要孩子國中畢業就去就業的。中興國中因為升學率一向居南投縣之冠，所以被誤以為只重視升學考試，其他付之闕如，其實那都是錯誤的成見。

「你知道我們的管樂隊、棒球隊，都很有名吧？」田科長面對我的詢問，頻頻點頭。

「可是，你可能不知道我們的電腦資訊教育也很厲害喔！我們的孩子拿到全國比賽第二名。我們的數學也超強的，全美數學競賽（AMC8）及全國數學競賽（JHMC），全縣只有我們能獲獎，而且是得到第一等獎。我們新成立的商業設計編織社，還獲得業界的讚賞呢！還有田徑全縣第一，網球、游泳等運動項目也都嚇嚇叫，還有……」田科長笑我一談起學生的成就，就像媽媽一樣驕傲。

是呀！我是很驕傲，因為每個孩子能在學校發掘自己的潛力，然後快樂學習，讓自己發光、發熱，這是每一個校長，甚至是每一個老師最大的理想。不是嗎？

挖掘出孩子的天賦，是大人的責任

「報告，校長媽咪，您可以幫我們蓋章嗎？」

在我驕傲地說這些給簡老師等一行人聽時，兩名孩子拿著丙級證照的報名表，請我簽名、蓋章。

他們很有禮貌地跟客人說：「打擾了，對不起。」

簡老師看他們氣質優雅，隨口問他們：「你們是資優班嗎？」

他們笑著回答：「我們是烘焙班。」然後又優雅地離開我的辦公室。

「烘焙班的孩子，怎麼氣質這麼好？」簡老師覺得太不可思議。

「有自信的孩子，氣質就好。我讓我的每個寶貝知道他們的資質都不錯，只是偏重的不一樣罷了，所以孩子們都聽我說過：『我們學校不是只有一般智能資優班及語文資優班，我們還有烘焙資優、水電資優、商業設計資優、體育資優、音樂資優——』」

我還要講下去，簡老師打斷了我：「校長，你真的是個驕傲的校長媽咪喔！」

我雖不好意思地停了，但我內心真的很驕傲，因為我的寶貝們真的很棒呀！

校長媽咪這樣說

「每個孩子都應該有一片天」是我一直堅持努力的。我在升旗的時候，經常分享各職群或各社團的傑出表現。

孩子們都知道自己的驕傲，不是取決於學業成績，而是良好的學習態度。

有一回，我說完故事後，對著台下的老師及孩子們深深一鞠躬：「謝謝你們，謝謝你們的努力，讓我在外面承受那麼多的誇讚，我很驕傲當你們的校長媽咪。」

那一天，香君老師說我那一鞠躬，讓孩子很感動。孩子們說能在中興大家庭學習，很驕傲。

哇！原來驕傲的不僅僅是我呀！

附記：有一天，接到一通電話，是一位聲音相當低沉的女士，提到要與我討論教育。我在辦公室等她時，以為她一定是家長，要來討論孩子的學習情形。

沒想到進來的是一位中年婦人，她自我介紹說曾經與簡老師一起前來過，看到我說起孩子們時驕傲的神采，她很感動，於是她想把買菜剩下，然後存起來的零用錢捐給我，以發展學校的社團。

接著，她打開皮包，我以為是幾千元，沒想到竟是……十萬元。

天啊！她要存多久呀？

在教育的路上，到底是我感動了他人？還是他人感動了我呀？

你可以做她的媽媽嗎？

在我懷裡的她，輕輕地點頭，身體竟有些微的顫抖。

三、四月份有一段時日氣候不穩定，經常刮著風，下著雨。那一段時日，我的桌上每天都會靜靜放著一張卡片，裡面總是寫著溫馨的話語，或是提醒我公事再忙，都不能忘了吃飯、休息、運動；或是祝福我有美好的一天；更或是分享他們的心情或感動的事，卡片後面署名小玲及曉琪。

幾乎每天都收到卡片

我看到放卡片的兩個小女生，清秀的模樣，頗討人喜歡。她們說希望在陰雨綿綿的時刻能以卡片帶給我陽光。

我誇讚，並謝謝她們窩心的舉動。她們不好意思地笑著離去。

後來幾乎每天都收到卡片。小小卡片上的一兩句話，外加一個笑臉，總能帶給我一天的快樂。

昨天小玲獨自來找我，拿出她寫給我的信。希望我看完後，下一節下課再給她答案。信裡提到曉琪的破碎家庭，讓曉琪鬱鬱寡歡，作為朋友的她為曉琪心酸，而當她知道曉琪很喜歡我時，她便提議要給我卡片的事。「我希望陪著她去看你，有時也可以和你講講話。」

喉頭一緊，無法言語

她說出了寫卡片的真正用意，並提到有一次我勉勵曉琪。那一天，曉琪笑得好燦爛。她第一次看到曉琪如此高興、快樂，自己也跟著高興起來。

「校長媽咪，你可以做她心理上的媽媽嗎？」信末，小玲這麼問我。

第二節下課，小玲來到我辦公室，問我看信了嗎？

我點點頭。

她有點遲疑的問：「那你可以做她的媽媽嗎？」

急切的眼神與問句，居然讓我喉頭一緊，無法言語。

她以為我遲疑，又再問了一句，「你可以做她媽媽嗎？」

問完，還怕我不答應，再補充說明：「不是真的媽媽，是心理上的媽媽，可以支持她，也可以抱抱她的。她沒有媽媽，她真的很想要一個媽媽。」

小玲說得我淚流滿面。

我點頭答應。

「寶貝，我是你們的校長媽咪。你們都是我的孩子，我當然是曉琪的媽媽呀！」

她一聽，高興地跑回去把曉琪帶來。曉琪又是高興又是害羞的與我擁抱。

「以後有任何困難都可以來找我，別忘了，我是你們的媽咪，你們是我的孩子喔！」

在我懷裡的她，輕輕的點頭，身體竟有些微的顫抖。

晚上，接到在台北讀書的女兒打回來的電話。她在電話中嘰哩咕嚕的說起學習狀況、與教授meeting的情形，還有她煮了一道創意料理有多麼好吃……

像連珠炮般說了一串後，才驚覺我都沒回話。

她問我是不是累了。「我在想像你跟我說話的表情啦！還有想抱抱妳啦！」

她一聽，笑了出來，「我週末就回去幫你慶祝母親節，你就可以看個夠、抱個夠啦！」

女兒掛掉電話後，我看著電視上母親節的一些廣告。在那一刻，我想起了在我懷裡輕輕顫抖的曉琪，耳旁也彷彿還聽到小玲的問話：「你可以做她媽媽嗎？」

校長帶頭做給大家看

「校長，我們不是為升學率而來，我們是為了這個好環境而來。」

「新生的家長不比新生安心。他們想到孩子要進國中，都難免恐慌。記得要以微笑化解他們的緊張。另外，在各個樓梯口都請安排引導人員……」

新生訓練前，我召開會議，交代注意事項。其中，我特別強調微笑，因為有不少人說：「中興國中的老師都跩跩的。」任我說他們其實是外冷內熱，個個都非常友善，「只要你們跟他們相處久了，你們就知道了。」但朋友卻說：「不是每個人都有機會或有時間，可以跟他們長久相處，第一眼印象即決定一切了。」

與家長一起守護孩子

新生始業輔導第一天，一名家長經過我身邊，輕鬆地告訴我：「校長，聽到你笑容滿面地說『孩子早安』、『寶貝早安』，我們的緊張就消失了一大半。」

我說家長實在不需如此擔憂，學校又不是龍潭虎穴，何必緊張、害怕呢？

她笑著說：「這就是父母呀！何況現在的報紙、新聞都報導校園霸凌問題非常嚴重，我們怎麼會不擔憂？」

我說，那是過度擔憂了，並問她孩子進入班級教室後的情況。她豎起大拇指，直誇讚：「剛剛我找不到教室，一位主任笑著為我們指引。到教室一看，教室乾乾淨淨、整整齊齊的。聽主任說都是導師利用暑假期間來布置，好迎接新生。

「我孩子到班級門口，馬上就有畢業的學長姊笑著過來，詢問名字，並帶到座位，還先指導他們新生訓練始業式該注意的事項，最後要我放心的離開。

「校長，我一路碰到的人，每一個都笑咪咪的，一看到大家都笑容滿面，我的心就安定了五、六成。再抬頭一看，走道上一句：『歡迎加入中興大家庭』，我的心就幾乎完全定下來了。你們的笑容和溫暖的家庭訴求，讓我們相信，你的學校一定很棒！」

我笑著點頭，回應她：「你也已是中興大家庭的一員了。我們要一起守護孩子長大喔！」

她高興地直點頭，還說要來學校當義工。

最好的行銷

碧雲看到我高興的模樣，很好奇問我。我告訴她：「笑容是最好的外交，也是最好的行銷。」

她笑著回我：「是呀！上次你的一位粉絲老奶奶特地來學校找你。你不在，工友怡真與她聊一會兒，倒水給她喝。她不是也寫信給你，提到因為怡真的笑容，讓她相信中興一定是個優質的學校嗎？」

我點點頭。那次我還公開說了這件事，提醒大家：「別以為你是微不足道的人物。你是中興大家庭的一分子。你就代表中興，你就是行銷。」

下午學區的督學簡志森督學來學校。他一路聽到孩子的問候，慢條斯理地問我：「你帶的學校，學生都很有禮貌，你怎麼做到的？」

我指著自己的笑臉說：「我做給大家看呀！」

莫忘教育的本質

我告訴督學，笑容是最溫暖的力量。任何人只要來到中興大家庭，就會被溫暖包圍，然後喜歡上這裡。

我提到一名水里鄉的羊肉業者陳立文先生，他兒子要讀中興國中，但他的住家離中興有幾十公里的路途。

陳先生猶豫著要不要讓孩子搭車到這麼遠的地方求學。最後他聽從朋友的建議，利用週三下午孩子放假的時間，和孩子來學校走一走，親自感受學校的氛圍。

最後他跑來我辦公室，笑著說，他一定要讓孩子來中興就讀。

我聽他說來自水里鄉，立即勸他：「不要吧！讓孩子多睡一個小時，對孩子的成長比較好。」

「我就一個女兒，一個兒子，我不能冒著讓兒子變壞的風險。只要哪裡好，再遠我都送，中興的環境讓我很放心。」

陳先生再三強調，「中興的環境讓他很放心。」他提到他所看到的每個人都很友善，笑咪咪的，學生也都很有禮貌，讓他確信孩子在這裡不會變壞。

「校長，我們不是為升學率而來，我們是為了這個好環境而來。」他走之前，又再強調一次。

「瞧，現在吸引家長的不再是升學率，而是最基本的生活教育呀！」我這麼一說，督學不住地點頭，直說，這才是根本。

熱心的人在哪裡？

他發現許多孩子體力太好，無處發洩，所以才四處搗蛋，因此他組織了籃球隊，自己義務指導。

「校長，要找到交通義工真的很難。」學務主任達祥提到學校有五個出入口，光行政、導師、專任分組，還差兩組。

親職教育那天，也發了邀請函，希望有空的家長能來學校幫忙，一起維護孩子們的交通安全，但回函願意參加的只有兩名。他洩氣地提到退休老師都回來幫教務處管理圖書室，學務處卻乏人問津。

我安慰他，不是學務處不受青睞，而是要起早趕晚的，且要在外忍受風吹日曬。「你想想，早上六點四十就要上崗。冬天冷風刺骨、夏天豔陽高照、雨天濕濕漉漉，還要忍受車輛呼嘯而過，最重要的是，我們七成的家長是公教人員，上班也趕不及，退休老師又住外地，要來，更要早起。這些都是乏人問津的原因。」

達祥一臉洩氣，充滿無奈。

請退休人士幫忙

突然，我靈機一動，要他準備好義工招募宣傳單，「跟我走！」

他不明就裡地回去拿一疊。我想到我住的社區，就在學校側門對面，隔一條馬路即可到校，有地利之便，而且我社區裡有許多退休的熱心人士，應該可以請他們幫忙。

帶著達祥到社區警衛室，將招募單貼在公告欄。住在警衛室前的張太太超熱心地來詢問。我看機不可失，立即鼓吹，並請她擔任組長，幫忙招募人員。她高興地答應了。

「來！那這一疊宣傳單就交給您了。有您真好。」張太太接過，並答應一定找到人。

當天傍晚，張太太興奮地告訴我：「已經找到兩名了。」

我立即高興地回應：「哇！真好！你是兩名隊員的小隊長了。」她笑得合不攏嘴。

第二天，我下班回來，她又興奮地趕來告訴我：「校長，又有四名了喔！」

就這樣，一個找兩個，兩個找四個，我們有了二十名交通導護志工，十六名圖書志工，及三名綠美化志工。

別管錢的事，我會想辦法

「校長，我想為交通義工辦理研習，請縣警局交通隊支援教學，教大家如何指揮，並提醒大家該注意的事項，我還想幫他們製作義工背心，我也想為他們辦場歡迎會，因為他們現在加入我們的團隊。你說加入我們大家庭的都是我們的家人，當然也因為——」

達祥個性急，說話也急，我知道他的用心，因此笑著打斷他：「你想做的，都是我非常贊同的，去做吧！別管錢的事，我會想辦法。」

他高興地離開。看著他的背影，不再挺拔。我心裡忍不住感慨：他也老了！

達祥是我以前擔任訓導主任時的部屬，他當時擔任大家最不想當的生教組長。一開始，有學生說他長一張臭臉，非常不喜歡他，尤其他說道理可以說個天長地久。學生聽訓，累到直呼：「老師，我以後鐵定不會再犯錯了。」

當時學生曾向我反映：「主任，他比你囉嗦耶！為了不要聽訓，我們要小心，不要犯錯。」

學生演出聽訓累垮的模樣，讓大家笑翻了。為了不要聽訓，而努力不犯錯。我們還笑說，這一招高竿。

學生雖然這麼形容他，但漸漸地，學生卻愈來愈愛他，因為他們感受到達祥傳達出來的一份愛。

組籃球隊，讓孩子發洩精力

那時候，他發現許多孩子體力太好，無處發洩，所以才四處搗蛋，因此他組織了籃球隊，自己義務指導。

曾有學生嗆他：「老師都只會嚷嚷，絕對沒有體力陪大家跑三千公尺。」

他二話不說，便帶著學生一起跑，一起訓練。整個籃球隊，再沒人敢挑釁，他也在學生群中建立了口碑。

他就是這樣以身作則的個性，所以在學校獲得大家的肯定與讚賞。雖然現在的孩子們還是會抱怨：「大象（學生為他取的綽號）實在很囉嗦。」但說完後，會再加一句：「但是，我們超喜歡他的。」

從那時候到現在都已過了十八年，我們都老了，他也依舊像是我的弟弟般協助我。雖然昔日一起在訓導處打拚的熱情依舊在，但我已看出他的體力大不如前。我在心裡唸著：為中興好，我也該在中興栽培接班人了。

「校長，怎麼了嗎？」他轉身看到我在看著他發呆，不解地問我。

「有你們真好！」他聽我這麼說，不好意思地說沒什麼。「校長，我又想到需為他們投保意外險。」

「既然是我們的家人，能做的、該做的，就盡量做吧！」達祥滿意地離開，他為義工們盤算，而我心裡也開始在為中興盤算了。

校長媽咪這樣說

我巡堂經過閱覽室，走進去和圖書志工們打聲招呼，順便與他們聊一聊。他們看到我，高興地說謝謝，我說：「反了吧！該說謝謝的是我們呢！」

他們笑了開來。提到我們為他們辦的歡迎會，已讓他們感受到不一樣的溫暖。每年的家長會長交接餐會，還會特地邀請他們參加，並在會場頒發感謝狀及獎品，讓他們感受到無與倫比的驕傲。

「最重要的是，校長，你一直說我們是一家人，並不是隨口說說罷了！每年年底，你送教職員工一人一盆蘭花，也不會漏掉我。學校辦理校慶活動、園遊會等，你也都沒忘記我們。你還交代孩子們要尊敬我們，所以孩子都會有禮貌地向我們問好，我們在這裡感覺很受尊重、很愉快。」

他們說得沒錯。只要有學校聚餐，我一定邀請義工們參加。我還會特別交代各處室要負責招待各自的義工。

「主任要利用這個時間，好好謝謝義工的辛勞。每桌都要安排一名行政人員負責招待他們。」

生教組長仁先曾問我，有需要這樣做嗎？我告訴他，不讓他們感受到被冷落，或不同待遇，是其中很重要的關鍵呢！

找到義工並不難，但要能維繫住義工情感，讓他們願意且樂於付出。最簡單的方法是讓他們有歸屬感。

把他們變成一家人吧！家人是不會計較付出的，家人是無怨無悔的。

你沒有存款呀！

「校長應該要很有錢才是呀！沒有幾人像你妹妹那麼大方，自己拿錢給孩子當獎金、鼓勵老師等等的……」

利用到縣府洽公，順便到政風室繳交公務人員財產申報表。因為調任新職必須在三個月內申報財產。

承辦人接過財產申報表，開始逐頁看。她指著房屋貸款的部分說：「這裡要寫償還後的餘額，不是寫你貸多少？」

我看著她說：「沒錯呀！」

她卻驚詫地說：「你都沒還本金呀！」然後她指著我寫著本欄空白的一頁，「校長，這裡只要你們家人存款加起來有一百萬元，就必須要寫。」

我點點頭。她看著我，一副很不解地拉高音調：「你都沒有存錢呀！」

陪我過去的大姊，笑著為我解釋：「她都把錢拿出來幫助別人。靠老公的錢養家啦！」

承辦人聽了，開始誇我：「怎麼那麼好？」

父親的身教、言教

對這樣的誇讚，我通常不以為然。或許這與我父親的身教、言教有關。他一再叮嚀，我們李家的家訓就是「做事認真，做人清白」。這兩句話已儼然是我們生活的準則。

當知道要調回中興國中時，便有長輩告知我，中興是大學校，比較有經費上的牽扯，要特別注意。因此我就任時，特地打電話給在台中法院擔任法官的同學，以及在刑警大隊擔任隊長的好友，請他們務必要參加。他們以為是我虛榮，要營造體面的就職典禮，所以連連跟我說：「你的朋友應該夠多了，不差我一個吧?!」

「我是要藉著這機會，讓所有人知道你們是我的靠山，有金錢利益關係的少來找我啦！」他們一聽，立即表示一定準時到。

其實，最重要的是當天我還要讓一個人知道我的作為，那個人就是我的爸爸。他一直認為我是個會耍賴、不認真的老么，所以對我擔任校長一職，他非常不放心，任憑我跟他說，在家我是老么，當然會撒嬌、耍賴，但在外，我是校長，我就會是個有為有守的人。他依然不相信。

二〇〇七年，爸爸中風後身體狀況不佳，但我調回中興，他堅持要參加我的就職典禮，因此當天我致詞時，特別跟爸爸說：「今天我站在這裡，要特別告訴爸爸，您的女兒堅守您的家訓，一直認真做事，清白做人。我絕不貪一分一毫，我也永遠記得，我剛教書時，您告訴我：『傲氣不可有，傲骨不可無。』爸爸，我沒讓您丟臉，我沒讓您失望。」

我看到已逾八十歲，個性嚴謹、不苟言笑的父親，嘴角微微上揚。他聽到了。他知道他的小女兒長大了，不用他擔心了。

「校長應該要很有錢才是呀！沒有幾人像你妹妹那麼大方，自己拿錢給孩子當獎金、鼓勵老師等等的……」承辦人還在跟大姊說著，我和她點頭致意離去。

我不想再聽下去，我不解什麼時候做人的基本道理都可以變成優點來歌頌了呢？

開車回學校途中，我還一直想著她驚詫地說：「你都沒有存款呀！」我也想到有一位前輩曾經要我換部名車，因為「當校長要有架式」，不能太窮酸。

我告訴前輩我很富足。雖然我沒有存款，但我的心靈、我的生活都因為有愛而富足呢！

校長媽咪這樣說

父親說認真清白。媽媽說吃人一兩，還人一斤。父母的教誨變成我個性上的潔癖。在職場上，我的不貪，換來同仁的肯定。擔任總務主任的碧雲說：「跟著您好安心。」我的樂善好施，換來大家的敬重。我不是那種「走路走前面，照相坐中間，吃飯不付錢」的校長。

三十幾年的教育生涯，我沒有金錢的積蓄，但我積蓄到更多的財富。這些財富是肯定是尊重，是愛與感恩。

我一點都不窮酸呢！

桃花心木種歪了吧？

老樹是我們的家人。
藉著老樹，讓校友們找得到以前的記憶。

圖書志工陳義助老師在上課時間站在圖書室前的小廣場，很專注地看著前方，我正巡堂到那兒，好奇地跑過去，站在他旁邊，也跟著往前望。前面是一個小小的圓形表演舞台，上面浮雕著援建單位慈濟的標誌，再往前是一個石頭的屏風，上面鐫刻著我寫的重建碑文（浴火重生），實在看不出有什麼特別的。

「你在看什麼呀？」我忍不住好奇地問。

他歪著頭，再看了看才說：「桃花心木種歪了，兩旁不對稱呀！你看是不是不對稱？」他指著種在連鎖磚通道兩旁的桃花心木給我看。

右邊離鋪設的通道較近，左邊較遠，然後他下了一個結論：「一點美感也沒有！」

接著他問：「這誰種的？」

我指著自己的鼻子說：「我叫人家這麼種的。」

他聽了有點尷尬，解釋說：「或許你們年輕人會覺得不對稱是一種美，但種在校園裡的植物，還是要有一定的對稱，才不會凌亂。這樣，真的不美。」

他說了半天，還是強調真的不美。

我笑著告訴他，種那樣的用意不在美不美，而在歷史的意義。

不讓校友遺憾

一九九九年的九月二十一日凌晨一點四十七分，台灣發生九二一大地震，中興國中倒塌了。重建時，建築師規劃把學校大門換個位置，從新興路換到中興路，當然校舍也要轉個方向重建。

一些校友回來探視學校的受損情況時，頻頻說：「以後我們就看不到以前讀書的教室了。」

當時，我們四處借地方讓學生上課。十二月四日，政府協助先搭建的組合屋完工，大家陸陸續續搬回學校。

我看到翁俊昇老師站在西側門動也不動。我走近一看，他正拭著淚水。

我問他怎麼了。他說：「剛聽到學校的鐘聲，我就有一種回家的感覺。能回家真是太好了，聽到鐘聲好感動！」

說著說著，他又一臉淚水，我也跟著掉淚。我們是多麼愛我們的中興家園呀！

因此要重建整地前，我們便請房素雪老師記錄每一棵要先移植出去的樹。我們決定在重建完成後，要像迎接家人般，迎接它們「回家」。藉著這些樹，讓老校友們找得到以前的記憶。

連牛車、馬車都來幫忙

「你知道迎接老樹回家時的狀況嗎？」陳義助老師搖搖頭。

我在會議中說起要移樹回來，等同迎接家人回來。學校藝文領域的老師們製作書卡、畫扇子、馬克杯……等義賣，把義賣款項捐作學校發展基金。

學校附近社區的鑼鼓隊，聽到老師們說到要移植老樹回家，他們就來學校說，當天要沿路敲鑼打鼓慶祝。

有一天早上，我站在路口指揮交通。路口旁農地的老農夫走過來問我：「主任呀！聽說你們要把移出去的樹，又移回來，是不是？」

我點點頭。我想他一定是要勸我不要這麼麻煩，因為也有人說買新的來種就好，何必花錢，請人移植？

「主任呀！我看我的牛車也來幫你載吧！」

老農夫這一說，讓我瞪大了眼。我沒想到他竟是要幫我，當然我也懷疑牛拉得動嗎？這不是折騰牛嗎？

「你不要以為我的牛拉不動。我這頭是台灣牛，卡有力啦！載一棵樹，沒問題的。」

老農夫看出我瞧不起牛車，所以拚命強調牛的力量多大，還說牛一定很高興能參加。

談完牛車要幫忙後，竟也有人跑來說要駕馬車來幫忙。當然，還有許許多多校友也都說要回來幫忙。

老樹，是我們的家人

當天我們浩浩蕩蕩一行上百人，走了三公里路，要去帶我們的家人——老樹爺爺回家。

「老師、校友、社區人士、慈濟志工等組合，一起合力，搬起事先請人斷根挖出來，且包裹好的老樹爺爺，待放上牛車時，大家聽到牛兒鼻子噴氣的聲音，嚇了一大跳。老農夫頻頻說：「安啦！安啦！」

馬車載不動老樹，但牠載了中興第一屆的老校長，在前面引導，牛車在其後，而我們一群人走在牛車後，最後面還有鑼鼓喧天的鑼鼓隊助陣。

沿路兩旁的商家都跑出來鼓掌叫好，中興警察分局也自動地幫我們指揮交通。停下來讓我們通過的駕駛，紛紛從車窗伸手出來與我們揮手。

回到學校後，所有學生沿著校門口兩側排隊鼓掌，當司儀喊著：「歡迎老樹爺爺回家囉！歡迎老樹爺爺回家囉！」掌聲、叫聲，還夾雜著啜泣聲，而在大家齊力種下第一棵桃花心木時，許多人已忍不住淚流滿面。

最讓人感動的生命教育

事後林凌霄老記者說起當天的採訪，他幾度哽咽落淚。「這是最讓人感動的生命教育呀！」

兩排桃花心木依原來的位置種好後，校友們憑藉著樹木，找到以前教室的位置。

我也想到以前每年三、四月左右，桃花心木便開始落葉。打掃的學生常常對著樹說：「你可不可以一次落光呀？我們很辛苦的，你知道嗎？」

有一回，我要學生把樹葉全集中在一起，但先別運走，待樹葉聚集成一個小山丘一樣嚇人時，我讓學生開始在落葉丘上玩，大家開始往後倒、往前趴……

「你知道嗎？到現在我都還能聽到那笑聲，而且我也還記得我在重建動土典禮致詞時提到：『希望今天在座的各位與我們一起作歷史的見證——中興國中移植的桃花心木會再回來，迎風招展，綠意盎然。中興國中也會再站起來，迎向更美好的未來。』」我說到這裡，已經有些哽咽，眼睛看向桃花心木，樹上掛著孩子們為蝙蝠製作的木屋。

我停頓了一下再說：「桃花心木活得多好呀！長得多漂亮呀！」

陳義助老師聽我陳述這段過去，他沉默了一下子，最後他說：「有歷史、生命意義很好，但我還是覺得不漂亮。」

「我還是覺得很漂亮。」我這麼回答他。

我笑了，他也笑了，老樹爺爺更是笑了！

校長媽咪這樣說

美的定義因人而異，但生命的感動卻是一樣的。

原本只是兩排桃花心木，學生掃著落葉時咒罵的桃花心木，但當老樹爺爺的故事一說起，孩子們開始感受到桃花心木的美，因為它們是中興大家庭的一員，因為它們見證了中興的歷史。

不論興衰，它們都永遠守著中興，守著一個讓人心疼、讓人驕傲的家。

老樹爺爺回家囉！真好呀！

Part2

堅持做對的事

她總是選擇一條最艱難的路走。

她說她沒看到困難，

只看到孩子的需要。

新學校的威脅

我對教務主任說：「我們該感謝新成立的營北國中，它是讓我們活得更好的鯰魚呀！」

「大姊，我們是否該想想一些招生的因應策略？」教務主任仁穩小心翼翼地問我。因為前些時候，他提到某國小六年級應屆畢業生家長聚在補習班，請我去分享教育理念，被我斷然拒絕，且叨唸他一頓，因此他問得有些心虛。

找回鬥志與拚勁

從我調回中興，我就看出他非常焦慮，因為距離學校三分鐘車程處，又成立一所國中，營北國中。

營北國中位在省府特區。學校附近都是數千萬的豪宅，加上營北國中用心花錢請人做品牌設計、服裝設計……所有新的風貌，儼然就是貴族地區的貴族學校，與老品牌的中興國中比較起來，他們充滿了活力，因此許多家長自然對它們也充滿新的期待。

「我參加學區畢業典禮，親耳聽到縣長幫忙營北拉學生，要他們都去讀營北。教育處將大學區劃分給營北，只留小部分給我們。若依他們的劃分，我們一年僅剩六班，我們現在是爹不疼，娘不愛。我們怎麼辦？」

我聽仁穩跟我抱怨過無數次，也參加過一次學區劃分的會議。那次是討論某個里也要劃歸給營北。那個里原來是草屯國中的學區，因此草中的教務主任李建奇立即跳出來抗議。

我默默坐在一旁聽著，看著。幾個里長都簇擁新學校，表示家長都來拜託要進入新學校，希望劃歸新學校的學區。爭取劃為新學校學區，似乎變成里長的政績。在爭取之餘，聽到李主任的抗議，說話就帶點不客氣地直稱是家長的要求，要他別爭了。

我看到新學校校長說：「這樣人太多，不好處理。」一臉喜悅性的埋怨，與草中李主任說：「學生減少，減班及教師超額，怎麼辦？」的一臉掙扎，我知道仁穩和李主任是為什麼跳腳、緊張了。

那天回程時，仁穩又跟我抱怨起新學校的種種事情。

我請他別緊張，並提醒他：「你別忘了！中興國中是有歷史、有根基的學校。另外，我們也該感謝新成立了營北國中，它是讓我們活得更好的鯰魚呀！」

仁穩笑了，可能想起過去奮鬥的歷程，他信心十足的說：「大姊，我們當初花了十年改造中興，讓中興從谷底翻身，現在這些算什麼！我們拚了！」

校長媽咪這樣說

與其抱怨他人的榮光，不如找出自己的亮點。威脅點往往就是機會點，威脅可促進團結，亦可提升為求生存的潛力。善用鯰魚理論，可讓組織更有活力。

因為「與其生氣，不如爭氣」啊！

我找錯人嗎？

林主任好奇問我，他完全不具備一般人所認為的擔任總務主任的條件，為何我還要用他？

一位曾同事多年的長輩來看我，問起我回中興後的一切好不好。

我笑著說：「好得很呢！」我說起老同事都很幫我。只是我離開的那段時間，調來的新同事比較不熟。所以，當初我要調回來時，聽說部分老同事就告訴他們：「你們要小心點，新校長很嚴格的。」

他們把我以前在中興的霸氣模樣說得活靈活現，導致新老師們看到我，似乎都有一份敬畏感。

「我希望和大家打成一片，是兄弟姊妹的關係，而非僅僅是長官、部屬的關係。」

長輩笑著說：「太難。」他說再怎麼和顏悅色、和藹可親的校長，依然是「校長」，很難與老師打成一片。然後，他順勢問了他想問的：「你為什麼要找張碧雲擔任總務主任？」

我笑著問他：「找她有什麼不對嗎？」

他一臉嚴肅地告訴我，總務主任應該是校長的公關，「你不喜歡應酬、不會喝酒，脾氣又硬，應該找一個長袖善舞，在外面應酬的公關型總務主任，才能幫到忙。」

我聽了，忍不住大笑出來。怎麼把學校講得好像政界或商界一般？

我從來不信這一套，從之前到宏仁國中擔任校長時，我就找了一個吃素、不喝酒、不應酬的林志南當我的總務主任。

林主任當時也好奇地問我，他完全不具備一般人所認為的擔任總務主任的條件，為何我還要用他。

那時，我告訴他：「你的認真，讓我可以很放心；你的清廉，可以讓我很安心。」

「碧雲和我是同類型的。我們都不擅長應酬，也不喜歡應酬。我們對錢的事，也都一絲不苟。我們更是對工作全心投入，所以用她，我既放心又安心。」

長輩同事聽了，點點頭。我再告訴他，現在的時代，家長把孩子送來學校就是希望老師能教好帶好孩子。若是沒把孩子帶好，光靠應酬，是沒法子吸引過來的。再說其他處室做錯了，頂多行政處分。若總務不小心蓋錯一個章，或任何一個閃失，都有可能要吃牢飯。

「我寧可要一個有為有守、認真的總務主任，也不要一個長袖善舞，卻讓我整天心驚膽顫的總務主任。」我這一說，他終於點點頭。他提到他的年代與我有一大段距離，可能時代背景不同，所以觀念或需求不同。

我沒再多說什麼，兩人轉向其他話題，卻覺得聊不下去，他也就離開了。

校長媽咪這樣說

剛開始我拜託碧雲幫忙時，她很掙扎，一直想拒絕，她的理由也是如此，我的回答也是那般。

曾經有同事也告訴我，外界覺得我唯一用錯的就是碧雲。我笑一笑，不想理會，因為每個人用人都有其取捨，我深知，在中興讓我無後顧之憂的就是碧雲。

碧雲跟著我多年，從我當訓導主任時，她便是我的訓育組長。早期學校輔導課行政人員都編有行政費，我當時擋人財路地登高一呼：「不要領行政費，讓學校多一些經費添加教學設備，或是辦理教學活動。」那時是她立即唱和，然後其他人再一個個的都加入。

她擔任訓育組長時，每一筆經費都非常清楚地記載，那時候，我便已經看出她與我一樣，都有著一絲不苟的個性。

因此，我沒第二個想法，我就是要她。當然，她擔任總務主任不是一開始就順利，她得自己慢慢摸索，請教前人。她也遇到許多事情，讓她有挫敗感或無力感，但她都很快地能找到解決方法，她就是不讓我困擾。

只有一次，我們一起到鄰近學校參加活動，那所學校的總務主任與所有賓客談笑風生，招呼客人面面俱到，遊走在桌與桌之間，與這位開個小玩笑，與那位誇讚幾聲……全場氣氛都在她的掌握之中。

碧雲看著她，我也看著她，其實全場都在看著她。

那一天回來後，碧雲告訴我，她深深覺得自己不適合當總務主任。「校長，你瞧那個XXX主任，多厲害呀！我不如她。」

「莫說你有這個感覺，我覺得我自己在這方面也不如她，但我不需要你這樣。你本來就不是這樣的人。我要的就是你，什麼都不用說了。」我堅定地要她安心「做自己」。

我也知道因為過去的情誼，她是無法拒絕我的，所以她很忠實地當我的黑臉。任何廠商想拜訪我，她都擋在總務處，絕不會讓他們上樓。

有時候，會有一些假冒從沒聽過的報社記者，假借要幫助農民來兜售茶葉，或是社慶要邀廣告祝賀、或是訂報……碧雲總能擋住，不會造成我的困擾，但我知道我沒困擾的原因是：困擾跑到她身上，她扮了黑臉。

有一次，一名同事驚訝地說，她以前都以為碧雲額頭正中間的一塊印記，是趴在辦公桌上睡覺導致的，沒想到那是她自小即有的胎記。

那名同事很「鄭重」地告訴我她的發現：「校長，你有沒有發現碧雲額頭有胎記，臉又黑亮黑亮的，很像包青天？」

當時，我喝了一口水，還沒吞下，聽了差點嗆到。

同事急著說：「我不是開玩笑的。她很廉潔，又很一絲不苟，真的很像。」

我止住咳嗽，猛點頭同意：「她的個性真的是如此，但她比包青天美麗呀！她黑亮黑亮的皮膚是被我害的。原本她也是白白淨淨的，但當總務主任需要四處走動，學校裡有東西故障了、哪棵樹病了、哪裡連鎖磚鬆脫了……事情多如牛毛，而且又老是扮黑臉，她不黑才怪。你可以形容個性，但不可以形容外表喔！那她會傷心，我也會內疚的。」同事聞言，不禁笑了起來。

我在中興國中的幾年中，承辦了許多大型活動的接待組，碧雲總是恰如其分地扮演好她的角色，於是，漸漸地有人開始問了：「你怎麼找到她的？」「你的總務主任怎麼這麼優秀呀?!」……

「校長，雖然大家都很怕碧雲，但她真的很認真負責，而且很清廉。任何校長只要有她當總務主任，都可以高枕無憂。你怎麼找到她的？」有一回與新上任的人事及會計主任一起聊天。他們說出他們的看法，尤其是會計主任，更是對碧雲讚賞有加。

我把用她的經過，還有朋友、老同事的擔憂及建議都說出來。人事主任珮珊以很堅定的語調說：「校長，我覺得你沒找錯人。」

是呀！我怎麼可能找錯人？疑人不用，用人不疑。用人的標準存在我心，不會錯的，我就是要她！

值得敬佩的人（上）

一個記者打電話來質疑：「我知道蔡豐安幫忙教球隊。你們知不知道，已經有公文規定不可以聘用他們？」

有一次在處理孩子的事情時，我注意到了他——蔡豐安。

「他是我們的教練嗎？」我曾問淑敏。

她搖搖頭，告訴我蔡教練因打假球事件不能受聘，但某個球員家長是他的好友，所以請他過來幫忙，並募款給他，一個月兩萬元。

幫付不出錢的孩子繳錢

「法律定罪了嗎？為什麼不能受聘呢？」我心裡有一些疑惑。在法律未定罪前，不是都該以無罪論斷嗎？

他沉默、不多話，眼神銳利地看著孩子們練球，並適時指導。在孩子對外比賽時，因他不是學校所聘的教練，所以不得靠近球隊指導，他只能站在遠處記錄，回校後再予以糾正指導。

他指導的過程是不慍不火的，與某些會對比賽結果暴跳如雷的教練相比，他毋寧是斯文有型的教練。

「你知道他經常幫付不出錢的孩子繳錢嗎？」淑敏感動地說出這幾年來蔡豐安為孩子做的事。

然後大嘆一聲：「他即使犯了錯，這幾年，他默默付出，也算贖罪了吧！而且在這裡一待就是幾年。若非熱愛棒球，怎能忍受這樣的生活？」

縣府公文的要求

那天感嘆不久，學校即接到縣府公文，要求學校不可聘用職棒打假球的人員，因為他們是「不良示範」。

我看著公文，心裡很不以為然。沒想到後來在開主管會報時，接到一通電話，自稱是記者的人，來詢問蔡豐安是否在我校任教。

我回答沒有。

他不放棄地說：「我知道他幫忙教球隊，是你們聘的，是不是？你們知不知道，已經有公文規定不可以聘用他們？」

他的語氣不友善，我回他：「第一，我學校沒經費聘教練，而且蔡豐安真的不在本校教職員名單中。第二，家長要不要給他錢，我無法過問。第三，他還沒被判刑確定，視同無罪。憑什麼你說他有罪？第四，就算是更生人，政府都極力要給他們重生的機會，為什麼要對他趕盡殺絕？」

我氣不過，因此一口氣說了一串，嚥了一口口水，我繼續說：「對不起，我不知道他會起什麼壞的示範，我只知道教育鼓勵知錯能改，善莫大焉；我只知道教育要給人機會。他讓孩子知道做錯事的代價，就是沒了百萬收入，連兩萬元的工作都被追殺，請問他受的教訓，還不夠多嗎？這樣的教育不夠強烈嗎？」

我大概說得又急又氣，那名記者訕訕然回我：「那我去問家長好了。」

後來可能有人將我的這番話告訴蔡豐安，他來學校找我，本就沉默的他，搔搔頭，以台灣國語輕輕說了句：「謝謝。」

那天，我們沒有多說什麼，只是緊緊地握著手。

值得敬佩的人（下）

自己都苦成那樣子了，卻還處處想到別人！

兩年後，新的家長會長洪志忠說起一件事，又更證實我沒看錯蔡豐安。

那一回，會長來學校，說有一名體育教練知道他在賣醫療器材，因此詢問他有沒有賣輪椅。會長表明沒有販賣這類商品，不過可以幫忙問，並問他要買來做什麼。

這名教練住在埔里鄉下，說起最近兒子生病，他抱著兒子往醫院跑，到醫院要掛號時，想找輛輪椅，讓兒子先坐著，竟遍尋不著。

詢問服務台，得到的答案竟然是醫院只有兩輛可用的，但已被借走了。其餘已破損、故障，無法使用。

他只好一手抱著體重頗重的兒子，一手填寫資料，然後抱著跑診間，一雙手痠疼到無以復加。

他想到自己的苦，不願別人也遭受這樣的苦，因此決定要買八輛輪椅，捐給醫院。

「唉！他只是一名棒球教練。每月的薪水只有兩萬多元，除了要養家活口外，看到有些小球員家境不佳，他還會掏錢幫他們。自己都苦成那樣子了，竟然還處處想到別人！」

會長感動地說：「我當下就告訴他，我幫你買這八輛輪椅送過去。」

會長悠悠地說：「這名教練是蔡豐安，他真不容易呀！」大家都睜大了眼。

是呀，他真的不容易。能走出來面對自己的錯。在面對自我之餘，還得面對他人質疑的眼神，但他不畏不懼的、一鋤一鋤的耕耘、播種，還想方設法，把愛散播出去，這不是一般人做得來的呀！誰能說他不是個漢子?!

校長媽咪這樣說

教育應該是博愛的，教育應該是給予希望的，教育更應該是有人性的。正面的是教育，負面的，難道就不是嗎?與其一味的禁止負面教材，不如善導之，讓孩子從其中，明辨是非對錯，並了解錯誤行為下所付出的不菲代價，來得有用些。

當老師不適任

在仁穩要離開我辦公室前，我再提醒他：「請老師轉去別的學校絕非好辦法，那只是把問題丟給別人處理而已。」

一早，教務主任仁穩便氣呼呼地進我辦公室：「大姊，那個XXX老師該處理了。我排他到哪一班，哪一班的導師就來跳腳，要求把他換掉，大家都不要他。我該怎麼排？」

你能不能想辦法讓他離開？

我知道他擔任教務主任的為難與痛苦。老師在學校裡表現得好不好，大家心裡都有一把尺，而擔任導師的就像班級裡的媽媽，總想幫孩子找到心目中認定的認真的老師。

「他不是來中興好幾年了？你也當了好幾年教務主任，難道只有今年有問題嗎？」

仁穩一聽我這麼質疑，委屈地說他知道這名老師上課有狀況，也請退休的老師回來指導他一整個學期。但退休的老師後來也雙手一攤，說沒辦法。

「大姊，如果可以，應該請他離開。」我很想跟仁穩說這麼多年都沒處理，為何我一回來就要我處理。

大概他看出我的質疑，接著又說：「大姊，你比較有辦法。看你能不能想辦法讓他離開？」

但我忍住脾氣，開始問仁穩：「過去你們有沒有做任何他不適任的紀錄？」

仁穩搖頭。

「有沒有具體事實，證明他不適任？」

仁穩再搖頭，但微微爭辯說：「學生說聽不懂，他教的班級成績也最差。」

「成績差有各種原因，他教的班級是全部學生都聽不懂？或是部分學生聽不懂？」

仁穩沒正面回答，但說了句：「校長，我覺得你很護衛那位老師。」

我忍不住笑了，再問他：「教師考績委員會的主席是誰？」他指指自己。

「今天你要定一名老師的罪，要處分他，勢必要有提案人，請問，誰要當壞人提案？」

仁穩懊惱說：「大家都說不要他，但真需要他們出面時，沒人要當壞人的。」

「再來，平日大家都沒做好記錄，也沒約談過他，留下完整紀錄。現在只以他教得不好為由要處分他。這樣薄弱的理由，恐怕治不了人家，屆時反被提出申訴，惹一身腥呢！」

我看他已陷入深思長考中，因此再繼續說：「校長依法不能參加考績委員會，頂多在你們送上簽呈時，若覺得有值得再議之處，退回去再議罷了！我護衛的是這個委員會的存在意義，不希望大家質疑這個委員會草率、沒公信力，所以我才問那麼多問題，倒不是我護衛那個老師。」

仁穩點點頭，說他懂了。

民代、老師父親等龐大的壓力

我嘆口氣：「校長沒那麼大的權力，但我有責任要維持學校的穩定。從現在開始，認真如實地記錄，該約談就約談吧！讓他知道他不能隨隨便便教學。若他真有大狀況時，我們至少處理得不心虛。你可以大聲地說你曾為他做出多少的協助，還有提出多少警惕。辛苦你了！」

在仁穩要離開我辦公室前，我再提醒他：「請老師轉去別的學校絕非好辦法，那只是把問題丟給別人處理而已。」

從那一次談話後，仁穩非常認真的督導，就像一名大哥帶弟弟般用心，只是仍很洩氣地提到，那名老師的教學有起色，但帶班，仍不夠用心。仁穩下了一句結論：「我現在覺得是他的態度問題最嚴重。」

一年過後某一天，這名老師在帶班過程中發生大問題。家長到校抗議，主任寫上簽呈，我在簽呈上批示召開教師考績委員會，請人事主任發通知，請他到場說明，仁穩看到我的批示，他這時才囁嚅地說：「人姊，您要注意他的父親，他父親會運用各種關係，阻止您召開委員會喔。」

仁穩說起以前其實也曾經要處理，但那名老師的父親擔任某單位的高官。在他出面護衛兒子，百般阻撓下，最後不了了之。

他這一說明，我終於明白當初仁穩為何說他覺得我比較有辦法。因為他跟我多年，知道我的硬脾氣，愈是阻撓，我愈是要抵抗，就像我媽媽常數落我的「青暝的（閩南語盲人的意思）不怕槍」。

「通知單發給他吧！看他的父親怎麼來阻撓吧！」

果不其然，這張通知單發出去後，我便接到其父親寫來的陳情抗議信。我還不及找那老師細談，又接到民意代表電話，希望我能放棄處理。我直接去拜訪關說者民意代表，把整個情況說明清楚，並請他能放心交給我處理。

「家長憤怒之際，學校若是官官相護，相應不理，勢必引起家長更大反彈，對那老師絕非好事，而且加重我們往後處理的困擾。他是我學校的老師，如同我的家人，我會謹慎處理的。您放心，處理完，我會向您報告的。」我這一說，他們也不好為難，只叮嚀我，若能給老師機會，就要給機會。

「大姊，如果我們處分他，會不會引起老師們說我們行政沒有保護老師？」

仁穩提出他的隱憂，我忍不住笑了起來：「你忘了，不是我們要不要處分他，我們沒有那樣的能力，是委員會才能決定的，再說中興的老師都有正義感和思辨力，你放心啦！」

我最後嘆了一口氣：「誰能保護誰？老師靠自己的認真、努力，就能保護自己。」

回去後，委員會如期、沒受阻的開會。不過，我默默地去找了一名導師，她與他同辦公室，我私下請她幫忙協助，教導他如何當導師。最重要的是，慢慢改變他的心態，讓他認真投入職場。

讓老師有成長的機會

兩個星期過後，我詢問訓導主任有關於他的表現。主任肯定他有大幅度的改變。他一說，我才加入我的看法：「我也是在巡視中，發現他改變不少。」

然後我請託主任：「大志呀！你遇到他時，誇他一下。他這時候需要正向鼓勵，讓他有正增強。你誇他時，也可以說：『校長也覺得你改變了喔！』」

大志意會地說：「校長，我懂，我懂。」

後來我也與教務主任有這樣的對話。仁穩與他談過後，一天興奮地告訴我，那名老師常找他請教，並主動表示週末要幫班上成績較差的學生補救教學。

「他的態度真的在改變了。」仁穩高興地說要申請補救教學的鐘點費給他。

此時時機得宜，我再去找那位曾經來關說的民意代表，我對他說：「XXX老師現在改變許多唷！教務、訓導兩位主任都很認真協助他，還找了同仁從旁協助，他真的改變許多。麻煩您跟他父母說一聲，讓他們放心。最重要的是，要請您幫忙，說說他的父母，請他們要放手。孩子都當老師了，讓孩子自己改變自己，自己成長吧！」

在父母羽翼保護下的孩子，如何學會成長？我不知道他未來能否持續改變下去，但我多希望藉由這次的事件，讓這名老師知道，不能凡事都找爸爸了。

校長媽咪這樣說

有一次與來校實習的候用校長提到這個案例。他們問我，為何不直接誇那名老師。他們一問，讓我想起我剛當校長時，我跟父母提到我在宏仁國中的表現如何好，想逗他們開心。沒想到，他們冷淡以對，還說：「做對、做好是應該的。」直到有一回聽某位長官誇我，我父母才笑著要我繼續努力。

後來，有一次媽媽到埔里參加元極舞的會員大會，聽到當地人對我的肯定、誇讚。她回來後，喜不自勝地說：「你做的一切，埔里人都看到了喔！」

當時我無奈地說：「我不是老早就跟你們說過，我有認真表現，你們都沒在聽呀?!別人講，你們才信。」

但，這或許是共通的人性吧。所以當初我才委由主任去說，一個原因是我希望主任能與老師互動良好，另一個原因是，間接往往比直接的效果更好。

候用校長也感嘆學校老師的鄉愿。其實，在任何地方都是一樣的，人也都有私心，家長想幫孩子找到好老師。導師是班級裡的家長，要幫孩子挑老師，也是符合人性，沒什麼好奇怪的。只是我多期望大家在挑之餘，也要能回過頭想想，自己是否盡好自己的本分。

有一回，學校辦理親職教育，我巡視班級時，遇到一位同仁。他的孩子在某個老師的班級裡。我隨口問：「喔！你孩子在這一班呀？導師好認真唷！」

他高興地說：「是呀！是呀！」然後開始說起導師如何經營班級，如何鼓勵孩子。

當他在說的時候，我笑笑地聽著。他說完後，我回了一句：「那麼，你真應該好好學學啊。」然後我走了，留下站在原地木然的他。或許我太直白，但這其實也是對教學的老師最好的提醒。

分享就能幸福99

九月九日前幾天，英霖問我是否要準備新聞稿，要找哪些媒體。我搖頭說：「不用了。」

他很詫異，這麼具有新聞性的小活動，為什麼我不想讓它曝光？

已經退休的林碧雲校長是我的好友。她是個點子王，又熱心助人，我從她身上學到很多東西。

擁抱，帶來愛

開學的第二天，她跑來找我。我跟她說：「雖然剛開學，但暑假都做好規劃，所以沒事，謝謝你來關心我。」

她笑了：「我知道你沒問題的，我是有事要你幫忙。」她興奮地告訴我，她有一名朋友是一位雕塑家，她想在他的園區，幫他辦個吶喊活動，希望我幫忙寫新聞稿。

「枝桃，今年正好是民國九十九年，九月九日九點九分的時候，辦個吶喊活動，多棒呀！」

我問她要吶喊什麼。她偏著頭說，當然是希望藉由吶喊，喚起大家對藝術的注意：「這一天是一世紀才有的一天，這一刻是一百年才有的一刻。長長久久的意涵，你不覺得讓人很興奮嗎？」

碧雲校長總是有這個本事，把一件事情說得活靈活現，把人的熱情也帶得沸騰起來。她又再一次數著有幾個九給我聽。

我輕輕問她：「既然是這麼難得的時刻，用吶喊好嗎？」

我又接著說：「在那一個重要的時刻，我們應該要擁抱身邊的人，彼此祝福，互相加油打氣，珍惜健康，享受平凡卻平安的幸福人生。」

她聽了，不但不生氣我批評吶喊不好，還猛點頭說：「其實我也覺得不好。」

「那麼，就把活動定調在『呼喚幸福99（久久）』吧！」

我一說，她高興地說好。

她走了後，我把訓育組長英霖找來，我提到希望那天九點九分一到，由訓導處藉著廣播，讓大家一起數到九秒時，大聲喊：「幸福久久」。

英霖聽了，高興地說要再加一句「要幸福喔！」

大度的邀約

那天下午到縣府開會，休息時間與南投國中馬惠娣校長聊天。我們兩校是競爭對手，但我與她在擔任訓導主任時期即熟識，所以兩人都希望是良性競爭。

聊著聊著，我突然想到何不邀她一起響應這個活動？

我一說，她高興地呼應，決定共同許下幸福的承諾。

「你不要忘了邀請記者報導喔！這是很好的新聞，既溫馨又有意義。」

她聽了，更高興，直說我有點子。我不敢邀功，把碧雲校長來找我一事說出來。

九月九日前幾天，英霖問我是否要準備新聞稿，要找哪些媒體。

我搖頭說：「不用了。」

他很詫異，這麼具有新聞性的小活動，為什麼我不想讓它曝光？

「就讓南投國中馬校長發新聞就好了。」我這一說，英霖更不解。

發想人是我，邀約的也是我，為何要把一切歸給南投國中？

我笑著說：「分享是幸福的真諦，分享更能幸福99，而且我也希望我們兩校能良性競爭，不要紛紛擾擾的。」他會意地笑了起來。

「校長，馬校長他們上報了，好大篇幅呢！」九月十日一早，英霖興奮地告訴我，還提到：「馬校長在訪問中，說到是您的點子喔！」

我看著那一篇報導，報紙上還有一張照片。相片是他們師生放氣球興奮、喜悅的畫面，真是漂亮極了！

看著，看著，我深深嘆了一口氣，是喜悅的，幸福的。

分享，真的能幸福久久！

校長媽咪這樣說

那天回家泡茶時，我把報紙拿給先生看，並興奮地告訴他整個事情經過。他問我：「學生知道什麼是幸福嗎？」

我反問他：「那大人知道什麼是幸福嗎？」

從醫院實習回家的女兒拿起茶杯說：「不知道，就教他們呀！**很多人都在享受幸福，卻在抱怨不幸福**，不是嗎？」

她說起醫院有一名腦性麻痺的小病患。一般人剛開始可能在心裡同情他或他的家人，但一聽他家人談到他們多珍惜在一起的時光，並分享快樂的點點滴滴，大家才知道自己原來是多麼不懂得惜福。

「哇！謝謝你的分享，我要把這個編成故事，升旗集合時，說給孩子們聽喔！」我讚賞女兒。

她調皮地眨眼說：「分享就能幸福久久喔！」

我們都要文雅的說話

一名壯碩的孩子，跳得彆彆扭扭。我將他指出來，還說：「我看找三年級的學長來示範給你看吧！」他倔強地說他可以，然後走到一旁，一遍遍的跳。

打電話給擔任紀錄片導演的朋友根旭星。我請教她該怎麼掌鏡拍片，為學校拍一份美美的簡報。

「你是為了招生嗎？」她如此質疑我。

我告訴她寒假期間，中興國中的孩子要到美國華盛頓州的姊妹校上課。我希望拍一份動態簡報，讓美國友人知道學校的動態。

「重點是，我希望讓大家知道台灣的國中校園，可以很陽光、很溫暖，學習可以很多元。」

好友根導演聽我這麼一講，二話不說，決定以最低廉的價錢，請一個團隊來幫我們拍微電影。

「一定要讓大家看到你們的好。」她如此堅持。

在三天的拍攝過程中，他們為了高品質的要求，一遍遍的重拍。表演藝術的老師建議挑幾十名上過表演藝術課程，且表現優異的學生擔任演員，因為這樣可以省時、省事。但朋友卻不贊同：「能多讓一些孩子參與，讓他們留下一個難忘的回憶。不是更好嗎？」

於是各社團的學生都是攝影的對象，每個社團都如火如荼地準備。第二天進度落後，因此吉他社的師生必須在放學後留下拍攝。

教導吉他演唱的是生教組長仁先老師。他與幾名學生圍坐成一個圓圈，一起彈唱時下的流行歌曲。導演拍完此畫面後，要拍攝一個個學生獨自彈唱的畫面。為了不影響他們拍攝，我和暫時不拍的學生到隔壁教室休息。

以提醒取代責罵

一個女孩子走了過來，有點羞澀地問我：「校長媽咪，我剛進學校時，在保健室旁，你曾與我說過話。你記得嗎？」

我看看她，剪了個超有個性的短髮，再看她的眼神，我說我想起自己曾提醒她不要說髒話。

她聽到我記得如此深，感動得一張小臉都漲紅了：「你那時候聽到我說髒話，輕輕的走到我旁邊說：『寶貝，我們說話要文雅一點喔！』那一次你沒罵我，只是提醒我，讓我很感動。所以從那次開始，我都提醒自己不能說髒話，說話要文雅一點。」她誠懇地說起自己下定決心的過程。

拍攝結束後，孩子們一一被家長接走了。她等候在一旁，我問她：「你父母呢？還沒到嗎？」

她有點黯然地說，父母都在阿里山上工作，所以生教組長會載她回去。

我急問她，家裡還有其他大人嗎？

她說，有哥哥姊姊。提到哥哥時，她一臉驕傲地說：「哥哥很厲害的，煮的飯超好吃的，而且很會照顧我們。」她述說哥哥的好，末了，還告訴我哥哥是誰。

我一聽就愣住了，拉長聲音問她：「他—是—你—哥—哥？」

她點點頭，一張臉驕傲得不得了。

給孩子改變的機會

她的哥哥是我學校現今三年級的孩子。去年學校組隊，參加童軍才藝表演。團長要我先去看彩排時，我看到她的哥哥。

他是一名壯碩的孩子，跳得彆彆扭扭。

我特別將他指出來，並要他放開來跳，還說：「我看找三年級的學長來示範給你看吧！」

他倔強地說他可以，然後走到一旁，一遍遍的跳。

「校長，我知道他的氣質不好，可能會影響到比賽成績，但他平日表現不佳，導師親自來拜託我們給他機會，讓他有一個舞台，希望能改變他。」

團長說起這個過程，讓我又驚又喜。驚的是我可能傷了這個孩子，喜的是，學校老師如此有愛心。

第二天，我親自到比賽場地，幫他們加油打氣。他比賽完就走到我身旁，一臉惶恐地看我。

我不爭氣地泛淚，豎起大拇指，誇他太棒了。

他驚喜得直問：「真的嗎？」「真的嗎？」

我把哥哥比賽的故事告訴這名小女生，她一張小臉又是充滿了驕傲，她很篤定地說：「現在我和哥哥都要表現很好，很文雅。」

她說得我又要不爭氣的掉淚。一對父母不在身旁的兄妹彼此加油打氣，努力表現好的一面，一聲聲承諾，「我會很文雅的說話」，讓我高興、喜悅之餘，也慶幸自己沒有嚴厲責罵，傷到他們的自尊心啊。

校長的奇特要求

「怎麼都沒看到校長的畫面？」有人驚呼，發現這個「大疏漏」。

「怎麼還沒來呀？」在校慶前一天，幾十名老師放學後留下來。大家守在禮堂，為的是今晚要試播拍攝的微電影。

導演根旭星說後製比較慢，所以要到八點後才能到。大家簡單吃了點麵包，就在禮堂裡等。

八點過了，我急了，要打電話給旭星。碧雲提醒我，她可能在高速公路上，還是不要打，免得影響她開車。

不願錯過歷史性的一刻

我放下電話，轉頭要大家回家吧！反正明天校慶運動會開幕典禮結束後，就會舉辦首播，屆時就可以看到了。

但大家都不願意走，紛紛表示一定要當第一個看到的人。今晚沒看到，會睡不著的。「校長，反正我們就『吃吃』的等。一邊吃東西，一邊等，也挺難得的。」家長會長志忠拿了很多草屯有名的麻糬，請人家吃。

他當會長還沒滿一年，但已經和老師們打成一片，宛如一家人了。

「好呀！那再吃吧！」婉菁老師拿起一盒，開始招呼大家吃。工友怡真小姐也幫忙倒茶水給大家喝。

九點過了，我又急了，也再度催大家回去，但大家還是堅持。

十點過了，我實在忍不住打電話給根旭星。她說已到台中，再半小時就到了。

「校長，天氣這麼冷，你趕快回去。我找替代役男，幫我開門試播就好了。」

「這裡不只有我一個，一群人都在陪我等。大家都不願錯過這歷史性的一刻呀！」

根旭星一聽，嚇了一跳，說要飛奔而至，我要她慢慢開。等她來到時，她果真嚇了好大一跳，因為裡面除了學校同仁外，還有來學校操場慢走、散步的附近居民。他們看學校禮堂的燈亮著，好奇詢問後，也留下來了。

不只我淚點低

她趕緊把片子放好，要我按下按鈕。禮堂的燈轉暗，銀幕上開始亮起來。《愛．上中興》在五名孩子的帶領下，我們看到了中興的美，也看到孩子的純真。

當其中一個孩子指著六十幾歲，滿頭白髮的管樂團指揮謝北光老師，大讚：「他好帥喔！」時，大家都笑了出來。

當樂音結束，北光老師的手用力一握，停在半空中，大家又頻頻說：「真的好帥呀！」

一個社團、一個社團的出場，自然生動的表演，讓大家看得目不轉睛。結束時，畫面出現幾行字：「不一定要狂飆，青春可以很璀璨；不一定會黯淡，少年也可以很陽光。只要你給他一個足以發揮的舞台，他將演繹生命的傳奇。」

在大家的熱烈鼓掌中，我看到大家的眼眶都紅了。原來不是我一人淚點低呀！

「怎麼都沒看到校長的畫面？」有人驚呼，發現這個「大疏漏」。

我笑著解釋，是我要求不准有我的畫面的。

大家不解地看著我，因為任何單位的宣導片幾乎都會有主官的畫面，這是一種尊重吧！

連「皮肉錢」都捐出來

「今天這部微電影，若有李枝桃的畫面，未來接替我的新校長，恐怕不會再拿出來播放。那麼，花了錢拍出來的微電影，只能播出一兩年，就要束之高閣，不是很可惜嗎？」

我解釋完，佩君雖點頭，但有點為我叫屈地說：「可是這是在您手中完成的。」

我還沒回答，佳珍已替我回答：「校長就是這樣啦！當初重建紀念碑文（浴火重生）是她寫的，她也堅持不留下名字。」

陪根旭星一起來的好友李英秀教授，也接替著說：「就是因為她是這樣的人，所以我連『皮肉錢』都捐出來了。」

她一說完，大家驚訝得面面相覷。

我趕緊解釋，李教授的手骨折受傷，保險公司賠了一筆錢，她拿到錢，就捐給學校，所以她笑稱這是「皮肉錢」。大家笑成一團。

我笑一笑，揮揮手：「名字有那麼重要嗎？做好比較重要吧！感動完，趕快回家。愈晚愈冷，而且明天校慶運動會，又要一整天的活動，必須儲存體力的。」

大家依序離去，會長志忠感動地對我說：「校長，我平日只看到你和老師、孩子們的相處，知道你很認真，但很開放；很嚴謹卻又很人性，我已經很佩服你了。沒想到，你又是這麼不居功的人，怎麼辦？我又更佩服你了！」

「那就和我一起為教育努力呀！」他一聽，立即點頭應允：「那是一定要的，我們一起做對的事。這幾年，我都來當你的會長，永遠支持你。」

說完，他又補上幾句：「校長，你有點小心機唷！你用這個題目『愛．上中興』，一個涵義是，看完你就愛上中興，另一個涵義是，要找愛就要上中興國中找。我說得對吧？」

我哈哈大笑，說被他看穿了。他高興地叫：「我愛．上中興了。」

我真的愛中興呀！

校長媽咪這樣說

有人看完《愛．上中興》的微電影，好奇地詢問裡面的小演員是哪裡請來的，要花多少錢。我驕傲地告訴他們，都是學校的孩子。

當初根導演問我有沒有劇本，因為如果有，要讓孩子們早點背台詞。我說，**我反對制式化**

的背台詞，那會箝制孩子的思緒，整張臉會因記誦台詞而僵化。

「讓孩子自由發揮吧！」我大膽放手一搏。根導也信任孩子，與孩子溝通後，讓他們自由發揮。孩子果真表現極佳，沒讓我們失望。

「只要你給他一個足以發揮的舞台，他將演繹生命的傳奇」就是我的看法呀！

（雖然我沒在電影中露臉，但我偷偷地將我的話藏在片尾！）

校長賣花囉！

我看著淑敏從一個美女老師，變成壯碩、黝黑的大媽老師。但每當我誇她時，她總客氣、輕描淡寫地說：「沒什麼，我只是喜歡棒球而已。」

「天啊！這簡直像花海了，五、六十盆的花該怎麼辦？」記得在校長的送舊迎新會結束後，面對五、六十盆的蘭花，碧雲頭痛著該怎麼處理。

一些老同仁欣賞那些蘭花，讚嘆之餘，還開玩笑說我被花海遮住，沒人知道我有沒有來上班。

工友秋蓉皺著眉頭說：「要照顧這麼多花，不容易呀！光澆水就是個大工程呢！」她很務實地把照顧蘭花的困難點一一說給大家聽。

「若澆太多水，滲出接水盆，流到地面，地面又濕又髒，很難處理的。」

她一說，碧雲的眉頭鎖得更緊，畢竟這是總務處的工作。

把愛傳送出去

「校長，怎麼辦？要不要分送給各處室照顧？這些花都很漂亮，大家一定很喜歡的。」

碧雲一建議，大家臉上都堆滿笑容，附和著說喜歡喜歡，然後開始表達想要照顧哪一盆。

他們選得太高興了，所以當我搖頭說：「不行，這些都是朋友們的愛，我不想推給各處室照顧。」

大家的臉毫不掩飾地，馬上顯現出失望、錯愕的神情。

他們一定認為我很小氣。

「也對，您剛上任，那些朋友來找您，看不到他們送的花，一定很失望。」碧雲馬上為我打圓場，不過雖是為我圓場，但聲調就是難掩失望。

「我想為這些朋友做些事，想把他們的愛傳送出去。」大家聽得一頭霧水，不曉得我的葫蘆裡賣什麼膏藥。

我忍不住笑了出來。告訴他們，我準備舉辦義賣，希望讓學校的教職員工認購，然後把這些義賣所得捐給棒球隊。

我一說完，大家的臉立即亮了起來，紛紛拍手叫好。最嚴肅，但淚點最低的碧雲馬上紅了眼眶。

我看到一旁的淑敏，更是激動到臉都紅了。她立即說：「我馬上找雅如來拍照，然後po到學校的網站Z槽，讓大家認購。」她興奮地談她的規劃。我聽著，看著，眼眶也紅了。

為幫孩子，老師做起資源回收

淑敏與我同年，我們初到國中任教即熟識。她是個活力和愛心都十足的人，對弱勢的孩子特別照顧。

自從我擔任訓導主任期間，奉令成立棒球隊開始，她便對棒球隊的孩子們付出所有的心力。無論是學業或是生活上，她都無條件犧牲奉獻。

九二一地震重建期間，球場供災民搭建組合屋，因此棒球隊停止招生，後來災民離去後，在議員要求下，重新招收棒球隊隊員，她又開始為孩子們奔波。

孩子們集中住在鐵皮屋搭建的宿舍裡，每個月的訓練費用（聘請教練、耗材）、比賽的經費，及他們的生活費，讓許多有心打棒球卻無力負擔的孩子萌生退意。淑敏為了幫助他們，居然做起資源回收。

她穿梭各辦公室，回收各辦公室的紙張，賣的錢再捐給他們，日復一日做下來，她經常腰痠背痛，但也讓老師們感動得主動成立教師後援會，固定捐錢幫助孩子。

從美女老師成為大媽

我看著淑敏從一個細皮嫩肉的美女老師，天天跑球場、宿舍為孩子補救教學，還奔波各比賽球場，為孩子聲嘶力竭喊加油。

她變成一個結實壯碩、黝黑的大媽老師。說她是棒球隊的幕後功臣，一點都不為過。

但每當我誇她時，她總客氣、輕描淡寫地說：「沒什麼，我只是喜歡棒球而已。」

「校長，棒球隊教練很擔心你，會不會只要求學業，重視升學率，對棒球隊不聞不問？我跟他們保證，還說起棒球隊最初是您一手成立起來的，要他們不用擔心。現在他們若知道您要義賣蘭花，把錢捐給他們。他們一定高興極了！」淑敏頻頻跟我道謝。

「你就不用謝了，他們真正該謝的是你呀！是誰在學校為他們發聲？是誰讓大家感動到願意捐錢成立教師後援會？是誰晚上還跑到球場宿舍，幫他們上課？是誰自願請事假，自費去幫他們加油，為他們攝影記錄？我做的一切，還不及你的十分之一呢！」

淑敏聽著我細數她的功勞，眼眶都紅了，而碧雲已經拿起面紙頻頻拭淚。

那天一個下午，組合盆栽的花卉全部被認購出清。我一一打電話向那些送我花的朋友謝謝，並報告我的處理方式：把愛傳出去。

大家又驚又喜，覺得非常有意義。我的好友李英秀教授更是驚呼：「哇！謝謝你幫我做功德。」

那天我坐在清空的辦公室，但我的心卻是滿的，我知道了，未來我會用愛填滿這個家園的。

校長媽咪這樣說

我的好朋友、好同事、好姊妹黃淑敏老師要出殯了。我的女兒特地趕回來要送她。

同事請我在追思會上講話，但這幾天我總故意不想。以為不想就可以騙過心靈，我就不會悲傷；以為不想，就可以騙過感情，我就不會難過。但當我喊「黃小敏」，聽不到她回答我「有」時，我便陷入悲傷的深淵，一直墜落。

記得我申請一百〇四年退休時，她是退休教師聯誼會總幹事，她答應我要到國外迎新。在退休前一段時日，我遭遇一些事情，她要我別理他們，退休好好過自己的日子比較重要。我們規劃著要先去英國，還是就近去日本，沒想到還沒辦迎新，她就因病離開人世了。

知道她過世消息的那一天，我錯愕，不相信，接著我憤怒大喊「妳騙我」，然後我痛哭，最後到她靈前與她私語，看到她的兒子長大了，成熟穩重，再聽到她癌症末期移轉的疼痛難耐，我接受並祝禱她到西方極樂世界，陪伴佛祖，離苦得樂。

生命總在不經意中，或你自信滿滿中，突然給你重重一擊。我們沒辦法掌控生命的長度，但我們可以決定生命的廣度及深度，黃淑敏她以自身詮釋生命的光芒。

「我們要送幾組蘭花？」陳麗英老師問我。

「把買蘭花的錢以淑敏名義捐給她最愛的球隊吧！」我這麼建議。

遺愛人間嗎？不，淑敏，妳是在人間成就佛道，妳撒下的必將茁壯。

「黃小敏」，當我再叫一聲，你會在彼岸回我一聲「有」嗎？

誰能接辦教師甄試業務？（一）

「討好長官」、「記功嘉獎」，更難聽的「一將功成萬骨枯」……我想著想著就頭痛了。

「今年我們要辦理全縣教師甄試，因為業務量繁雜，無法由小型學校承辦，所以必須請中大型學校來承辦，而且必須是位處交通方便市區型的學校……」

學管科易科長在闡述承辦教師甄試的重要性及條件時，國中校長們不是把頭低下去，不然就是裝作認真地看開會資料。

「我聽說他們屬意你們學校辦理。」我的好友裘麗校長壓低聲音告訴我，我點點頭：

「我也聽說了，等他開口，看著辦吧！」

其實，前些時候我便聽家長會長志忠談起，他與處長一起吃飯時，處長詢問過他可否請中興國中幫忙辦理。

志忠雖僅回說：「若校長答應，我們家長會一定全力配合。」但當他告訴我這件事，我心裡已經有底了——非辦不可了。

「所以，誰能幫忙接辦教師甄試業務？」易科長一問，大家更是把眼光調開，不與易科長有眼神接觸，哈！與學生沒兩樣呀。

我偷瞄一眼易科長，她看看沒辦法，也正微笑地看向我。

我知道我躲不掉了，果然她開口了：「李校長，可不可以麻煩你了？」

艱難的開口

每年暑假開始的前兩星期，因未開辦暑期學藝活動，因此老師們紛紛安排出國，如今接下這活動，我勢必要拜託行政人員，取消休假出國的計畫。除了行政人員，還要請一些老師留下來幫忙，大家會怎麼想呢？

「討好長官」、「記功嘉獎」，更難聽的「一將功成萬骨枯」……我想著想著就頭痛了。

但我還是皺著眉頭答應了，不過我提出但書——「必須各校輪流辦理」。回到學校，我思索著要怎麼談，看著同仁們為了五月的基測及六月的登記、分發，已經忙得不可開交，教務主任考上校長去受訓了，代理主任淑娟忙得焦頭爛額，我幾次看著她想說，卻說不出口，問了句「還好嗎？」她眉頭一皺，說起自己哪裡痛哪裡病，每週都得定期去復健。

我聽得眉頭更是深鎖，她輕笑說：「校長，我只代理到五月底，OK的啦！」看著她離去的背影，我實在很不忍心告訴她，仁穩在分發出去當校長前，得先借調到縣府上班，美其名為熟悉教育處業務，實際上是幫忙教育處處理科員處理不來的繁重業務，屆時我還是要找她擔任主任。

「算了，先別說，讓她先有一段輕鬆的日子吧！」我這麼鴕鳥心態的想著。

「校長，我跟你說唷！那個XX跟XX要結婚啦！XX跟XX也成一對了，很有可能也要結婚了。」

我走到保健室，護理師旻玫告訴我一些喜訊，因她為人親切熱誠助人，所以不只學校孩子，連學校同仁都喜歡她，常到她那裡坐坐，與她說說話，碧雲曾說她那裡比輔導室更療癒，無論孩子或老師都在她那邊獲得紓解，也因此她那裡就儼然是學校的訊息交換中心。

「哇塞！喜事連連，我們這裡是愛的園地呀！」我驚呼著。

「是呀！我們學校環境好，上班愉快自然就可以孕育愛情，校長，你看我們學生的成績也都那麼好，我們這裡是福地呀！」

靈光乍現

旻玫說完，我突然腦袋瓜裡像安裝了一個燈泡被打開一樣，亮了起來。我知道我該怎麼做了。

「玫，你說得好，我們這裡是福地，太棒了！」我高興地離開，留下旻玫不解地望著我。

「我們這裡是福地、我們這裡是福地。」我一路走，一路唸著，興奮得快跳起來了。

那天傍晚在受訓研習的仁穩回來，他五月底就完成受訓，我先告訴他要承辦教甄的事。

「教務處和人事室是主要單位，其餘處室也會協助的。」

他很高興地說：「沒關係，這是我離開中興前的最後一役，就交給我吧！」

真好！受訓前他也是個愁眉苦臉的教務主任，去受訓後就充滿能量，看來教育單位真該設計讓主任們輪流去研習，離開學校現場一段時日，充足電再回來，活力十足呀！

我心裡盤算了一下，一客七百元上下的餐，四、五萬元跑不掉了，看來我得省吃儉用了。

誰能接辦教師甄試業務？（二）

在主管會報中，我慎重地告訴大家要承辦教甄的事，大家臉色很沉重，但當聽到我建議輪流辦理時，大家就比較釋懷。

我分配好處室工作後，交代總務主任碧雲負責通知各個工作人員「全部到松濤園開工作會報，我請大家吃晚餐」。

「哇！那裡很貴的。」佩君一聽就喊叫著。

「雖然宴無好宴，吃完要面對的是繁重的工作，但是能到松濤園，大家抱怨得會比較少。」淑娟帶點調皮地說。

「六、七十個工作人員，包含工友、替代役男，都要請嗎？」碧雲開始計算起人數了。

大家你一言我一語的，因為松濤園讓氣氛活潑了起來。

「只要是負有工作職掌的，都要請。」我說完，心裡盤算了一下，一客七百元上下的餐，四、五萬元跑不掉了，看來我得省吃儉用了，不過每次在花錢時，我都很慶幸我是女人，嘻！老公會養我，我不怕。

轉念

松濤園在中興是間有名的花園餐廳，許多人慕名而來，但當地人卻因其價錢昂貴而裹足不前，因此我選在這裡開會，順便請大家吃晚餐，馬上降低大家的怨言。

「各位同仁：我原本也是有怨言，也不想在暑假麻煩各位，但我看到在本校代課的老師都這麼喜歡中興，都說中興是福地，那麼，我們讓所有的考生都能在一個美好的環境中，在大家細膩的服務下，能考出好成績，這不就是一件大功德嗎？所以我們不要當它是額外的工作，就當作功德吧。」

我說到這裡，已有人點頭了，我繼續說下去：「評審先生都聘自外縣市，考生也有很多人來自外縣市，我們讓外地人見識南投人的熱情，讓他們對南投留下深刻的印象吧！」

我說完，大家已經開始動起來，一個個想到問題即拋出來討論。「陪考家屬也要照顧到，要提供場地讓他們休息等候」、「標誌要貼在哪裡才醒目」、「評審或監考人員的早餐提供或是茶敘安排，要注重地方特色」……

當晚在松濤園，我們邊吃邊討論，大家熱情洋溢。

我穿梭在桌與桌之間，聽著他們各組的討論，心裡好驕傲。

我們真是個實力堅強的團隊呀！

校長媽咪這樣說

我的個性不喜歡被命令，若以「上級要求我們這麼做」來看，我會覺得是被動、被打擾的，容易讓人心生憤怒或抱怨，但若是「我們一起來做功德」這個說法來看，我會感受到是被邀約、被重視的，容易產生榮譽心和使命感，因此我經常把上級交付的命令，轉化為邀約，把被動化為主動，讓參與的同仁都有一份榮譽心，如此一來事事都能獲致圓滿成功。

浪漫是我的個性，分享是我的喜好，因此若非正式且嚴謹的會議，我便會找一個較能放鬆的地方，請大家吃飯討論，在輕鬆自在且浪漫的氛圍中，反而能活化思緒，想出不錯的點子。

（不過，善意的提醒喔！請斟酌自身經濟情況，請客貴在誠意，絕不能巧立名目挪用公款，也不要找家長會支援，有正義感的老師，是不願意花家長會的經費的，因其經費是要花在教育上而非吃吃喝喝上的唷！）。

誰能接辦教師甄試業務？（三）

「為何他們願意聽你的話來打掃呢？」處長再問我。

「他們不是聽我的話，而是我們一起完成一個使命。」

「怎麼辦？颱風要來了，我們的布置怎麼辦？」碧雲緊張地問我，我也是在為這問題煩惱。

「室內需布置、張貼的先布置好。室外的，等明天再定。」我交代好。

教甄前兩天聽到颱風的消息，內心一直在祈禱著：「颱風不要進到南投來呀！」

擔憂與焦慮

我的祈禱沒能應驗，考前一天颱風來了，縣府宣布放假。原本是大家最興奮能放假的日子，但一聽到放假，人家的心都糾結在一起了，頻頻打電話問我該怎麼辦。

那天下午三點多，風雨轉小，我立即到校，祕書長陳正昇及處長黃寶園等一行人也緊張地來到學校關心，當他們看到走廊都是被吹落的落葉，和一灘灘的積水，校園裡樹倒了、花毀了，枯枝滿地，眉頭都皺起來了。

「校園裡沒辦法立即復原，最起碼廊道要掃乾淨，讓考生能順利到教室考試。」祕書長交代完，又覺得愧疚地說：「暑假沒學生，你要想辦法。」

「祕書長，你放心，明天八點，你來學校看，我保證乾乾淨淨的。」我這一說，處長睜大了眼看我。

我知道他擔憂我說人話，明天下不了台。

我微笑對他說：「處長，你放心。」

他笑了笑，但那笑容裡包含太多擔憂。

你是怎麼做到的？

他們走了後，總務主任碧雲、事務組長慈恩、衛生組長鄭組長也來到。我交代他們分頭打電話給每一個工作人員：「明天六點到校集合，清掃校園。」

「校長，你就這麼信任我們同事？」我對碧雲的提問點點頭。

我信任我的同仁，他們都是我的好夥伴。

第二天，八點不到，處長陪著祕書長到學校巡視考場，走一圈後回到我辦公室。他迫不及待，驚喜地問我：「哇！完全看不出昨天颱風來過！李校長，你是怎麼做到的？」

我告訴他，近七十名工作人員都在六點準時到校，不分年紀、職等。大家拿著清掃用具，不發一語，打掃每一角落。

「你可以想見那種壯觀的場面嗎？」我請處長想像那畫面。

「為何他們願意聽你的話來打掃呢？」處長再問我。

「他們不是聽我的話，而是我們一起完成一個使命。」於是，我把整個過程說給處長聽，他頻頻點頭，然後說了一句：「你帶人帶心是我最佩服你的地方。」

處長說了這一句，讓我眼眶霎時熱了起來，他真的知道我，也點出了我一直以來的堅持。

帶人要帶心呀！

校長媽咪這樣說

我在行政上面的啟蒙老師是廖明星校長，他曾對我說過：「人對了，事情就對了。」一個有能力的校長不需要刻意展現威嚴，更不必事必躬親，展現自己的能力。

一個長官最大的能耐就是帶人帶心，讓每一個人在其適當的位置，展現最大的長才，知人善任又能讓團隊團結一致，才是好的領導。

廖校長，謝謝你！您說得一點不假呀！

找到訓導主任接班人了

大志老師想幫忙交通指揮，但他怕人家說他想做行政之類的閒言閒語，所以他選擇在離校一段距離的馬路轉彎處幫忙。

第一年將結束時，達祥主任開始提起自己的身體狀況不佳，他當訓導主任還是不恰當之類的話。

我試著問他：「真的撐不下去了嗎？」

他很為難地說：「真的不行。」

達祥主任是我帶出來的，就如同我弟弟般。有一次，他發生車禍，他第一時間點就是打電話給我。我知道我在他心中也是像大姊般，因此若非真的不行，他不會輕易拒絕。

其實我也看出他已心力交瘁，所以我早已未雨綢繆，物色適當的主任人選。

「許多人不知道兼任行政的辛苦，會在背後說三道四。我若當導師，當他們誤解行政時，我可以幫忙說清楚。校長，這對您的帶領，絕對有幫助。」

達祥提到這部分，我當然明瞭，但我還是再一次問：「沒法子考慮看看嗎？」

他再搖頭，我便確定了。

獨特的「用心」

這一年來，我在教師群中，注意到趙大志老師。他是個高頭大馬的體育老師，據說是手球國手。前幾年才因家庭因素，為住在南投的妻小，從台北調到中興來。

我有時候會藉巡堂時經過辦公室，進去與沒課的老師聊一聊。

有一回，我在與他人聊時，故意說到大志：「他看起來既有活力，又有熱情」時，老師們開始誇他：「粗中有細、帶學生一流、與家長溝通良好……」大家都說了他的優點。

其中一名老師提到一件事，倒是吸引了我的注意。

他說大志都很早到校，原來大志想幫忙交通指揮，但他怕人家說他想做行政之類的閒言閒語，所以他選擇在離校一段距離的馬路轉彎處幫忙。

「他真的很愛學校。」同仁這麼說。

我笑著點點頭，內心已決定這個人，我要了。

你在中興幾年，我就幫忙幾年

「校長，我沒經驗的，你不再考慮考慮嗎？」當我與他說明要他接最辛苦的訓導主任時，他有些驚訝，也有些欣喜。因為在全校一百五十幾名教師中，我找了他。

「我就是慎重考慮過。為學校好、為孩子們好，才找上你。我也知道這個工作辛苦，但我知道你是愛學校的，你也是有使命感的。一個有使命感的人是絕不會拒絕這份職務的。」

我再加了一句：「中興要拜託你了。」

他抓抓頭說：「既然校長看重我，我就跟你一起努力了。」

大志很阿莎力的個性，真讓人喜歡。

走出我辦公室時，大志又再補充：「如果校長覺得我做得可以。你在中興幾年，我就幫忙幾年。」

哇！我高興得快跳起來了，但我仍忍住，莊重地點點頭說：「不，應該修正說你待在中興幾年，就幫忙幾年才對。現在開始，我們一起為孩子努力吧！」

校長媽咪這樣說

有時候，我深深覺得我比許多人幸運，因為我從事行政多年，都能與一些志同道合的人一起努力，而且我找到的行政人員都是屬於拚命三郎型的。

有人問我找人的訣竅，尤其是現階段大家都排拒行政工作，能找到人願意接，已經不容易，還願意犧牲付出，那更是不容易。我都告訴他們：「**強調使命感的託付**。」大家為一個共同使命努力，就能有一個共同目標，也能有共同的成就，當然更有超然的驕傲感。因為不是為校長而做，更不是為名利而做，是為了一份使命。

當然，其中很重要的一點是受到賞識的感覺。**每個人都希望自己能遇到伯樂，所以我很願意當伯樂，讓千里馬盡情奔馳**。

記得有一回人事主任提到一個增加導師津貼的政策，但一增加後，導師就直追上主任、組長的津貼。「校長，你可能很難找到行政人員喔！尤其是訓導人員，責任那麼重，更難找到。」

我在全校校務會議時，刻意提到人事主任的隱憂，然後我很堅定地告訴所有人：「那種隱憂可能會發生在他校，但不會發生在中興國中。因為中興的老師不是為錢在做事，做事也不是挑輕鬆的做。**中興的老師是為中興大家庭的寶貝們而努力，不計一切辛苦的努力**，這就是中興成功、驕傲的地方，也是他校不了解或比不上的地方……」

那天人事主任說我高招。這帽子一戴，大家更有責任感了，更拚命了。

其實，我不是戴高帽子，我只是點出努力的點罷了！我們不就是為了一些些使命，才堅持下去的嗎？

科學營風波（一）

「學校老師一聽到我要帶這個孩子來參加，大家都傻眼了，幾乎每一個人，都為我焦慮。」

「如果真那麼困難，就算了。」彰師人洪連輝教授和我一起合作辦科學營，就是在中興。當時我還擔任訓導主任，所以當他一知道我回中興時就來找我，要在中興繼續辦理大眾科學營，我樂得把這份工作交付給同樣是彰師大畢業的仁穩主任。

可是才辦完第一年，就因為與縣府教育處承辦人溝通不良，讓洪教授直跳腳說：「我僅僅是要求縣府給競賽得名的同學一張縣長的獎狀，有那麼難嗎？」所以，第二年，他就氣呼呼地說不辦了。

我問協助的仁穩原因。他無奈地說，以教授的立場，會覺得讓孩子拿縣府獎狀，對於升學才有用處，但縣府的承辦人不願意。

教授氣說：「怎麼對南投孩子有用的事，卻不做？」

但縣府承辦人覺得既然科學營是彰師大主辦，中興國中承辦，縣府是指導單位，獎狀理所當然是由彰師大發，沒有叫縣府發放獎狀的道理。

兩邊各持立場的結果，就是科學營結束了。

帶著有情緒障礙的學生參賽

一名在偏鄉小學校的老師一聽到科學營不辦了，連連嘆氣，失望極了。她拉著我問：「你還記得我帶一名特殊生來參加比賽的事嗎？」

我說，我怎麼可能忘了？記得那天一早，我與縣府長官巡視科學競賽會場，當時這名身材嬌小的老師帶著為難的神色，出現在我面前：「校長，今年我們有一點小拜託喔！」

我以為只是想借東西，因此簡單地點頭，並回說：「沒問題呀。」

她一聽到，臉上的神情立即變得輕鬆，並開始說起她的請託。原來是她帶了一個有情緒障礙的學生來參賽。

「學校老師一聽到我要帶這個孩子來參加，大家都傻眼了，幾乎每一個人，都為我焦慮。我知道這孩子會不可預期地出現某些令人難堪的狀況，我也知道帶她來比賽，我要負擔的責任有多大，我更知道，她可能帶給您們多大的困擾，但，我看到她那麼想參加的神情，我狠忍不下心來拒絕她。得不得名沒關係，但我希望讓她能正常的參加活動，同時讓其他孩子一起協助她，讓她知道自己也可以為他人盡一點心。」

她一口氣說上一連串自己的想法。

我看著她，心裡感動得無法言喻。

她以為我擔憂，她馬上拍胸保證：「我會一直在場邊待命，而且不只我而已，你知道嗎？這小孩的媽媽一聽到孩子能參加比賽，都高興得哭了。從比賽前的準備開始，便一直在一旁待命幫忙，她今天也一樣來這裡幫忙。你看，你看，她就在那裡，她是那麼高興，而她看著女兒的模樣，是多讓人感動……」

我順著她指的方向看到家長，也看到那名孩子。兩人都帶著興奮、喜悅的笑容。我轉身對她說：「你真的很棒。學生有你這樣的老師，真的很有福氣。」

縣府長官也誇她說：「南投縣有你這樣的老師，我們真的覺得好光榮。」她喜悅、害羞得紅了臉。

對自己的許諾

我交代仁穩主任注意幫忙，但不可以顯露出來，一定要讓那孩子正常的比賽。整天的比賽在傍晚時分結束了，仁穩主任提到，那孩子在長達四小時的比賽中，如何專注、認真的操作，她的同學如何互相幫忙。

他嘆口氣說：「這項比賽真好。能讓所有的孩子知道，成功的要件不一定是一流的成績，團隊合作更勝於個人的能力表現。不過最重要的是，那位老師的愛心真的讓人佩服。」

當天結束時，我看到許多人著眼在比賽的名次、在稱許得名的同學時，這名老師卻高興、滿足地對她的孩子們比起大拇指。

四名孩子喜悅地在會場拍照，是呀，誠如那老師說的：「得不得名並不重要。他們在比賽過程中，已經在合作互助包容中贏得了比賽。」

「孩子們都在等待今年的比賽呢！怎麼就沒了？」廖老師臉上寫滿了失望與惋惜：「南投縣科學教育的花朵都還沒開花呢，怎能讓花苞就掉落了呢？」

「不會的，你放心，我會陪你們一起灌溉的。」

我對她許下承諾，但更是對自己的一份承諾呀！我一定會做到的。

科學營風波（二）

「你放心，當別人攻擊你的時候，你還有我們的支持。」

我握著話筒的手，不自禁地顫抖起來。

「校長，我們給你經費，你們繼續做吧！」張昭鼎紀念基金會的張敏超執行長聽到我說起科學活動一事，他馬上阿莎力的一口應允。

「可是，宏中那邊的補助還有嗎？」

張昭鼎紀念基金會每年撥出固定的金額，補助學校推廣科學活動。我在宏中擔任校長時，經由朋友劉尚斌（亦是基金會董事）介紹進去申請。申請通過後，基金會不但給經費，還會請清華、交大兩校的教授蒞校指導。宏中的科學活動因而蓬勃發展，年年勇奪全縣總冠軍，並在全國比賽中獲獎無數。

我調回中興的前一年，在宏中推廣科學活動不遺餘力的李學昌老師，調回家鄉草屯國中，我擔憂他無後援，特地拜託執行長給予經費奧援，讓他得以推廣。

當時執行長便因經費有限，有點為難，不過最後還是應允了，所以現在我不想因為中興的緣故，斷了對宏中的補助。

「沒問題的，但是你不能只嘉惠學區的學生，若別地方的學生要參加，也不能拒絕。」執行長的一句話讓我們得以繼續辦理，孰知因不拒絕的教育理念，竟惹來日後的風波，倒是我們始料未及的。

面臨的中傷

那是我在中興舉辦三年後的一天，我和好友燕裘麗校長一起到瑞竹國中露營場地，探視參加全縣慶祝童軍節露營活動的孩子們。

中午時分，學校的設備組長詠慈打電話給我，她的語氣急迫，她說，南投縣教師產業工會寫信給基金會，提到中興國中藉科學營進行招生事宜。

我心想從二〇〇五年起至今二〇一四年，長達九年的時光，與基金會合作，且每年年底都親自帶領主任、承辦人北上報告，並繳交成果，執行長應該了解的。

但我還是問：「執行長怎麼表示？」

果然不出我所料。詠慈回答：「支持學校。」

「但是校長，他們這樣中傷，會不會影響我們往後的推展？」

詠慈為科學教育投入很多心血，除了基金會的業務由她負責外，她還引進遠哲科學營，讓南投縣的孩子不用奔波到外縣市參加活動。

雖然遠哲科學營每年有大批的人員進駐，但事前接洽、準備、事後清點檢查，都得她處理。暑假那一整個禮拜的活動時間，她都必須跟著，不能休假，也是夠累人的，但她一點也不以為意，還笑說：「比起其他英文老師輪流在寒假帶領學生到美國姊妹校交流三個星期，我真的不算什麼！」

「校長，基金會還會補助我們嗎？」她煩惱著手邊的計畫正逐項進行，萬一基金會反感，不補助了，該如何是好？

在煩惱之餘，她也痛心地說：「我犧牲假日來辦理科學活動，我這樣犧牲，有何意義？」

出差在外的我，先安慰她，並保證我會處理，希望她做該做的事。

「詠慈，我們只想為南投的孩子多做些事，不要想那麼多。」我這麼安慰她，但我內心仍不免深深嘆息。

傍晚回到學校，我打開電腦，想寫封E-mail給執行長，沒想到執行長已寫信給我。我打開信看，「我們永遠支持你」，我眼睛盯著這句話，我的腦海自動播放過去九年來接受他們幫忙的片段。

孩子們在活動中的快樂笑容、聚精會神地學習、不斷舉手地發問，然後在小紙片上寫下的感動，和「我將來也要和教授一樣，站在台上教學生」的期許……我真希望那些攻擊的人能到學校來了解，而不是在外圍想當然耳的猜測，就抹黑、中傷。

另一種形式上的父親

我記得進行科學活動時，生性樂觀，像個小頑童的張敏超執行長，不但支援，還緊盯我們活動辦理的情形。他更會主動幫忙家境較差的孩子。

有一回，他打電話給我，聊到一名學生。那名學生從未見過自己的父親，從小與外婆一起生活的他，曾經血氣方剛的與老師、同學起衝突，但在老師的教導下，逐漸改變。最重要的是，基金會贊助的科學活動，讓他找到興趣及受到關注。他除了以第一名畢業，並考上第一志願的科學班外，他還定期返回母校，以自身的經驗幫助學弟妹。

「他一直不間斷地寫信給我，告訴我，他遴選上中研院優秀物理人才培訓的計畫，還談到他將來的規劃。李校長，你放心，我知道他的家境不好，所以我會贊助他到中研院培訓的交通費，至於他未來……」

張執行長侃侃而談幫助他的計畫。我說他為人太好了。他笑著說：「就只是幫助一個有心的年輕人罷了！何況我的孩子都大了。」

「我的孩子都大了」，這樣的說法，謙虛地淡化他的愛心，簡單化了他付出的意義，因為他並不在意別人的感謝，不在意付出是否有回報，他只是簡單地想——幫助孩子。他是一個如同父親般，付出愛與關懷的人。

或許他不覺得自己的付出有多偉大，但我知道對那孩子來說，張執行長已儼然變成他另一種形式上的父親。

我打電話給執行長道謝，他沒問事由，也沒提是否造成他們的困擾。他只感嘆地說了幾句：「你自行爭取經費辦活動，嘉惠南投縣的孩子，大家該支持你的。你放心，當別人攻擊你的時候，你還有我們的支持。」

我握著話筒的手不自禁地顫抖起來。輕輕地說謝謝、再見後，我再也不能遏抑地淚流滿面。

「你還有我們。」多貼心、給力的一句話呀！

我默唸著這句話，淚水又不自禁地掉了下來。

科學營風波（三）

督學打來一通電話，口氣極差地大喊：「你怎麼搞的？又給我惹麻煩了？你趕快寫報告給我。」

詠慈打電話給我的那天下午，學校已經因為這封基金會轉來的信而沸騰。這封信讓許多老師感到錯愕與生氣。常到學校關心的家長會長也知道這件事，因此在週六的親職教育中，家長會長致詞結束前提到：「各位家長，我們的校長最近被教師產業工會攻擊。我們一定要支持校長，給校長最大的鼓勵。」

我看到許多家長露出不解的神色，他們搞不懂這個工會跟校長有何過節，為何要攻擊校長，也弄不清楚教師產業工會是中興的老師，或是哪裡的老師所組成的工會。

因此，我站起來解釋整個事情的經過，也提到信中表示有兩名他校老師向工會投訴：中興藉機搶學生。

「說中興搶學生，那是污辱了各位家長的智慧。孩子要去哪裡就讀，聰明的你們，一定早就決定好了，豈是隨便可被搶走的？如果哪一個人可以站出來，證明我親自去拜託你的孩子來就讀中興，我可以立即辭職。我不在乎外面的人如何攻擊我，那些都是不相干的人。我在乎的是你們——中興大家庭的家長、老師、孩子們，只要你們肯定我，那就是我最大的力量了。」

當我說完後，家長給我最大的掌聲。結束後，許多家長為我豎起大拇指比讚，或握緊拳頭，給我一個加油的手勢，但也有許多家長憂心地問我，還好嗎？要不要幫忙？我看到一個大家庭的力量在醞釀、在展現。

督學氣極敗壞的一通電話

當天，有不少家長跑到我辦公室，為我加油打氣。沒想到，我回到家時，接到督學打來的一通電話，因為原本的督學退休，所以剛換這名新督學，我想她一定也是耳聞，要來為我加油打氣，卻在我跟她打完招呼，她口氣極差地大喊：「你怎麼搞的？又給我惹麻煩了？你趕快寫報告給我。」

那口氣讓我極不舒服，我完全忘了禮貌，不客氣地回她：「你不先說清楚，劈里啪啦就說我又給你惹麻煩，請問我何時給你惹過麻煩？我要寫什麼報告？」

她沒想到我會這麼兇她，語氣稍稍緩和地說起，教師產業工會要縣府阻止我辦理科學營的活動。

「他們說有兩名他校的老師，指控你們以辦理科學營來搶拉學生。處長要我進行了解。」

原來如此，處長要她來了解，要她寫訪視報告。

理解後的我，將語氣放輕柔地說：「那您週一就來了解呀！這三年的資料，我都留下來了。以後您就好好指導我們，請不要未問未審就先判先罵。」

她不好意思地解釋工作量多大，壓力多大，然後約好週一下午一點要到學校來了解。

我心裡決定，一定「要讓她好好了解」。

三張長桌都擺滿資料

週一早上，我吩咐教務處把三年的成果都擺在視聽教室。

淑娟主任不解地問我：「那麼多資料，她怎麼看得完？」我笑著要淑娟負責陪她好好看完。

那天下午，督學輕輕鬆鬆來學校，一見面就為週六的事，再解釋一番。

我笑著說：「您生氣是因為不了解，今天您看完就了解了。淑娟，你帶領督學到視聽教室看資料，我讓總務處泡壺茶上去。」

碧雲聽到我要她們泡壺茶送到視聽教室，她著實不解。

「校長，整個二張長桌都擺滿資料。她大概也是走馬看花、翻翻罷了，有需要泡壺茶嗎？是不是倒杯咖啡上去即可？」

「絕對需要一壺茶，因為她會看很—久—很—久—。」

我告訴碧雲，已經讓淑娟陪著督學上去。

「我就是一定要她仔細地看。她是督學，怎能草率看完？」碧雲忍俊不住，笑了出來。

「督學，您真的好用心唷！您看得這麼仔細，可有違法，需要改進之處？」

整整四個小時的折騰，督學看起來有些疲累，但聽到我誇她用心，臉上表情稍稍好些，接下來，幾名主任輪流在一旁加油添醋。

「督學，您真的是最認真的督學。」

「是我們有史以來看過最認真、負責的督學。」

「督學，您追求事實真相，鉅細靡遺，為老師提供最好的榜樣。」

督學的臉上已堆滿笑容，淑娟又唱作俱佳地說：「真的耶！我在一旁陪著督學看申請計畫、經費概算、實施經過、成效評估、回饋單、基金會每年總結審查的建議……我都累死了。督學還是很認真地詳讀喔！看四個小時，她真的很讓人敬佩呢！」

督學笑著說：「我真的很仔細看了，這不是縣府補助給你們的款項，本不該由我們來審視，你們只要對給錢的基金會負責即可，但因為處長要我了解，好答覆教產，所以我來是對的，我看得很仔細。你們過程完全合法之外。你們的老師為科學營義務付出的時間、精力，也讓人敬佩……」

督學把老師們好好地誇了一頓。

我也趁機意有所指，故意放大聲說：「淑娟，記得把督學的誇讚告訴老師們呀！別讓老師們一直受委屈。」

一杯茶是不夠的

督學走了後，佩君笑著說：「校長，你故意整她的吧？」

我點點頭：「我只是要讓她知道：在一件事情未明朗前，不要隨意指控人家。」

淑娟笑不可遏地學著督學看到整整三桌資料的反應：「這計畫，是基金會審查過的，應該不用看。」

淑娟卻馬上拉著她看計畫：「您沒看，就不知道計畫的宗旨與目的。」

看完計畫，督學趕緊說：「很翔實，可以了。」

淑娟又守著說：「沒看學生來源分析表，怎麼知道我們有沒有搶學生……」

就這樣，督學每看完一項就想結束，但淑娟謹守我的吩咐，沒讓督學離開視聽教室。

碧雲一邊擦著眼角因笑得過分流出的淚水，一邊說：「果真要一壺茶。一杯是不夠的。」

在大家談談笑笑中，我的內心卻在流著淚。

每年為了辦科學營的活動，多少老師犧牲假日來支援是為了什麼？而一早搭最早班高鐵，從台北下來的教授們，他們的辛苦又為的是什麼？僅是為了播下一粒粒科學的種子，期盼這些種子能萌芽，在未來能蔚然成林罷了呀！

我多想大喊：與我們一起守護種子萌芽，好嗎？

科學營風波（四）

恒源老師問我：「校長，聽說工會的人來了。我們可以進來一起聽聽，並表達我們的意見嗎？」

我立刻說可以呀！

但工會人員大概看到人多，嚇到了，馬上反應說：「不用吧！校長室的椅子也不夠多。」

「科學營一切合法，且看到中興國中教師為推展科學教育的犧牲、奉獻，作為長官的縣府教育處，鼓勵都來不及了，怎能阻止？」

科學營在督學報告下，終於可以順利舉行了。

有一天，在總務處時，工友怡真笑笑地說：「校長，陰霾都過去了喔！」

我點點頭，並開玩笑地說：「記得呀！以後教產的人是我的拒絕往來戶，別讓他們到我辦公室。」

說來真巧，我才說完沒幾天，他們竟然來了。

在巡堂時，怡真打我的手機，很為難地問我要讓他們到哪裡坐。「校長，他們說一定要拜訪您。」

「當然是讓他們到我辦公室坐呀！我先把這棟樓巡完，你找詠慈組長先接待他們。」

我想詠慈是承辦人，最了解整個狀況。她接待，也可以趁機說明給他們聽。

我回到辦公室，教產的兩名老師馬上站起來，堆滿笑容說，知道我很忙，但一定要拜訪我，「因為中間有誤會。」

我請他們坐下，並泡了兩杯咖啡給他們：「沒關係，別急。喝杯咖啡，慢慢說。」心裡面卻是OS：「之前為何不先找我們問清楚？現在才來放馬後炮？」

他們還在喝第二口咖啡，客套誇讚咖啡好時，十幾名老師來到我門外。

三節課的攻防

恒源老師代表問我：「校長，聽說工會的人來了。我們可以進來一起聽聽，並表達我們的意見嗎？」

我立刻說可以呀！

但工會人員大概看到人多，嚇到了，馬上迅速反應說：「不用吧！校長室的椅子也不夠多。」

我笑著放慢語氣，說：「哎呀！這你就不知道了，校長室櫃子裡多的是摺疊椅。」

達祥、志龍、恒源等幾名男老師馬上搬出椅子。

我忍住笑意，開始好整以暇地聽著老師們開始發問問題。

來的老師，一個個思路清晰、言詞犀利、態度從容、笑容可掬地進攻。

教師產業工會的人疲於奔命地解說。

好不容易下課鐘響，有幾名老師說要上下一節課，先離開。

他們才鬆了一口氣。

但走了幾名老師，馬上又有幾名老師剛下課，一聽說就趕來了，就這樣一輪一輪的。

我看了三節課時間的攻防，真是有趣極了。

教產的人後來急著解釋說：「我一直打電話給基金會，也寫給基金會的榮譽董事長李遠哲，他們都不理我。如果他們能跟我說清楚，我就不會再追下去了。」

我氣定神閒地說：「基金會的董事們不是中研院的院士，就是大學教授，每個人在基金會裡都是無給職的，連祕書也是，他們都非常忙，怎麼可能接你電話或回電給你？」教產的人竟口不擇言說：「我一直留言給他們，他們就算回我電話說一聲：『干你屁事』也行。」

我一聽，馬上溫柔地跟他說：「做老師的不要如此說話。」

一向能言善道的他，臉色鐵青，不能言語。

願意「幫忙解釋」

最後在午餐前結束攻防，教產的人迫不及待要離開，離開前請我「幫忙解釋」，因為親職教育後，我們的家長開始向他們施壓，他們已承受不住了。

「好吧！我利用每月學校發行的月訊，寫一篇文章說明吧！」他們聽到我的應允才離開。

中午午餐結束，李蕙如老師笑咪咪地來邀我到他們辦公室喝茶，她說摘了她自己種在辦公室旁的花草茶，有薄荷、甜菊……等，她特地調配了一杯花草茶。

「清香解悶，舒心極了，正適合您現在喝。」

我拇指和中指一彈，「太棒了，正好我也有準備午後甜點，我們一起舒心吧！」

那天我喝了一杯最好喝的花草茶，那香味讓我回味無窮呢！

校長媽咪這樣說

碧雲不解我為何要答應教師產業工會寫文章解釋。「他們一直傷害我們，還幫他們？」

我說**這也是一種教育，讓孩子、家長看了後，知道人因為站在不同位置就有不同的觀點，非關對錯。若因觀點不同而傷了別人，最後傷害還是會回到自己的身上**。

「藉著這次見面，他們應該知道學校老師多麼支持您了吧！」碧雲說她沒在現場，事後聽到在現場的老師形容那精彩的對話，一直懊惱自己沒在現場。

「校長，中興的老師們都在自己的崗位上認真努力，比較不會刻意去表現什麼，所以一直給人的印象是冷冷的。這一次大家能跳出來，不容易呀！」

我點點頭，為老師們的表現感動萬分。「今天莫說中興國中，任何一所學校也是如此，曾經宏仁國中也是如此，但我把大家視為一家人，當真有一家人的情感時，自然就會相挺、相愛，都不容許外界的力量破壞這個家庭。」

學校有一名家長告訴我，她的孩子回家後跟他提到，看到我被教師產業工會的人攻擊，他們很不捨，所以製作卜片，以及在臉書製作粉絲專頁來表達對我的愛。「校長，孩子說不能讓他們的校長媽咪受傷害，他們要做您的靠山。」

我聽到家長這麼說，一陣哽咽，眼淚在眼眶中打轉，不知該說什麼。

「校長，你沒白疼這些寶貝呀！」家長說這句話時，我無法再故作堅強，淚就讓它流吧！這是感動的淚水，是驕傲的淚水呀！

家長會長遴選風波

「可是——校長——」我一聽他說這句話，又緊張了起來，怎麼了嗎？他說明天要出國，所以選舉時他正好不在。

詹會長幫我擔任兩年的家長會長，大家都說由醫生來擔任會長最好，因為他們對學校的關注是採取「支持但不把持」的態度。

詹會長的確是如此，是支持中興國中的一股力量。

「校長，你有沒有屬意的會長接替人選？」詹會長在卸任前關心地問我。

我搖搖頭，告訴他，只要有人願意擔任，我都很感恩。因為家長會長要出錢出力，不是個討喜的工作，鄉下地方根本沒人願意擔任，我還很擔心屆時難產呢。

「這樣的話，我就找我的朋友來參選吧！」我一聽，如釋重負，頻頻謝謝會長。

同事哭喪著臉

過了幾天，詹會長來電說對方願意參選，因此我請總務主任碧雲打電話過去謝謝他，並確認需不需要找人幫他提名。

碧雲打完電話，卻哭喪著臉告訴我，醫生很忙，醫生的夫人冷冷地說：「我先生說要考慮考慮喔！你過兩天再打來吧！」

「校長，感覺他們好像不願意耶！」碧雲如此揣測。

我要她信任會長。「有些人喜歡擺個架子。或許他只是擺擺架子，不要讓人覺得他迫不及待，多渴望當會長。你到時候再打通電話吧！」

家長委員會開會的前一天，我請假參加姪兒的訂婚，接到碧雲的電話。

她在電話中的聲音又急又氣：「那個XX的夫人要我今天打電話去，沒想到他的夫人又說他沒空接電話，我問，那麼明天家長委員會，他可會來參加？可要參選會長？他的夫人還是冷冷地說：『我們很忙，可能沒辦法當會長耶！』」

我一聽，也覺得傻眼，怎麼會在這個緊迫的時間點上說沒辦法呢？

「校長，會不會他們是在等你打電話去求他們？這是我想的啦！」

「我絕不會打這通電話，我不想落人口實說我在運作。」我告訴碧雲，一切順其自然，應該會有人願意擔任吧？

掛掉電話前，碧雲還是憂心忡忡地說，她擔心可能沒人願意參選喔！

我安慰著說：「安啦！沒問題的。」但心裡其實仍然擔憂著。

終於放下一顆懸著的心

在訂婚儀式進行中，我跑到外面聽電話，引起同在教育界的三姊注意。我告訴她整個情況，她馬上提醒我，不可小覷這件事，屆時真沒人參選就麻煩了。

「你忘了曾經擔任過炎峰國小家長會長的洪志忠，他說過只要你需要幫忙，他很願意幫忙。他是你的粉絲喔！」

三姊一提，我便想起來了，這位洪會長曾在我剛回中興時，陪同陳碧桃校長來拜訪過我，一個超級熱情的會長。

我每一場親職講座，他都來聽講，對我的教育理念很表贊同。他的確說過這樣的話，但我都把他想成是客套話，並未放在心上。

打電話給洪志忠先生，他一聽，就表達他很願意幫忙，但他很客套地說：「如果有人要選就讓給人家。真沒人願意參選時，我再跳出來幫忙。」

我一聽，連忙跟他謝謝。原本整個人骨頭都僵硬的，現在都放鬆了。

「可是—校長—」我一聽他說這句話，又緊張了起來，怎麼了嗎？

他說明天要出國，所以選舉時他正好不在。

天哪！讓我空歡喜一場嗎？他不參加委員會，怎麼參選呀？一切又白搭了！

「校長，我會委託朋友。他也是學校的家長委員，我請他幫我提名競選。我會寫一份委託書給他的。」

他這麼說，我也只好答應，但是否合乎法律程序，我仍然需要注意，因此我打電話給朋友呂秀梅律師。她說沒問題，我才真真正正放下一顆心。

當天果真沒人要參選。志忠委託的簡滄盛委員拿著委託書，表達洪志忠想參選的心意，還大致介紹了志忠的背景。

「主席，這是否合法？是不是要先了解？再談選舉？」果然，有一名家長提出質疑。

我立即當場打電話給呂律師，再次求證，並當場宣布沒問題。我還意有所指地說，為免往後發生法律疑慮的問題，我的好朋友是南投縣律師公會理事長，願意免費擔任中興國中的法律顧問。

沒人再提任何意見。終於！我找到了會長洪志忠，感謝三姊的提醒，我的家長委員會不但沒有開天窗，我還獲得一位超級棒的家長會長。

校長媽咪這樣說

「若有人要就給人家」，是志忠會長常講的話，像個彌勒佛的他對教育充滿熱情。事業順利的他把公司交給別人，過著半退休的生活。

「錢夠用就可以了，要做感動的事。」他告訴我，他最常做的事就是到偏鄉小學校，走一走，看一看。如果有需要的，他就捐款幫忙。

「錢捐的不多，但這是我對他們的鼓勵與支持，希望大家一起做對的事，一起幫助南投縣的教育。」志忠常說起他到哪一所學校，他又認識了哪一個校長。

我說他認識的校長多，對小學校的了解深，他是最有資格擔任教育處的教育顧問。

他笑著說：「若教育處只要聽好話，只要呈現少數好的一面給長官看，卻掩蓋亟需改變的、錯誤的大區塊，那我寧可繼續到各校去提供資源。」

這樣一個為教育付出的人，在各個會議、場合，努力發聲，但聲音都被漠視掩蓋。他為讓長官正視南投縣的教育窘況與錯誤現象，竟花大錢買半張報紙的廣告版面，寫下了給處長的十問。但他怕影響到學校，所以不以中興國中家長會長的身分，而是以他公司董事長的身分刊登。

但長官卻仍把帳算在我頭上，還告訴縣長，是我讓洪志忠刊登的，所幸縣長找他問清楚；所幸他刊登前與陳翰立議員討論過內文，有了人證。

「校長，你委屈了！」他說別縣市陌生的人都打電話來，謝謝他點出教育的沉痾，唯獨縣府長官在揣測誰寫的，而栽贓在我的身上。

我笑一笑說：「你以前陪我做對的事，現在我陪你一起做對的事。」

他想想，又覺得委屈地說：「我是商人，不代表我的文筆不好，不代表我不懂教育。」

是呀！專業的也有理盲的時候，誰能說誰永遠對，誰能說誰最懂，但關心教育是每個人都可以做到的事呀！

Part3

什麼是教育的本質？

無論制度怎麼變，唯一不變的是，
孩子，你必須要培養出自己的能力，
那是誰都帶不走的。

不為「片面」而憤怒

先生對我說：「你不是說，你堅持做對的事嗎？你不是說，教育現場有很多讓人感動的地方，那你就不能為這一個『片面』而憤怒。」

十二年國教一推，媒體、社會一片倒的質疑聲浪。有人說九年國教都沒成功，談什麼十二年國教？其實教育的成功與否，往往無法立即見證。既無法立即見效，又怎麼能說九年國教失敗？

在我看來，不論是九年或十二年，都必須抱持著「有教無類」、「因材施教」的理念，而十二年國教「適性揚才」的訴求，正符合這樣的理念。

家長們的普遍恐慌

那麼，為什麼家長們會恐慌呢？原因仍出在家長對於明星學校的迷思。我發現各界對十二年國教的探討都著眼在比序、會考及特色高中考試上。

為了比序的分數，大家錙銖必較。某些區訂了比賽加分，家長一窩蜂的就幫孩子報名各種才藝班；某　區要考體適能，一時之間，運動又興盛起來；最離譜的是為了加強孩子的服務精神，訂定服務學習加分，醫院、縣政府、鎮公所……等都擠滿了為孩子報名服務的家長。另外，大家也還為特色高中的比例，釋放多少名額而吵翻天。

每一個人都怕在分發或特色招生上吃了虧，卻忘了深思：教育的目標在哪裡？對孩子最好的教育是什麼？我們該教孩子什麼能力？我們該給孩子什麼教育？

教育部為了宣示落實十二年國教的決心，竟然請總統親自出面，分區召開說明會。中區說明會當天，我帶著仁穩前去台中參加。

會中，我看得出來，這些長官們試圖宣達適性揚才的理念，但聽來總像繞在「打破明星學校」的主軸下轉。他們講這些，只證明他們與民眾脫節了。

關心孩子教育或社經地位較高的家長，總期許孩子能上明星高中。在社會氛圍沒改變前，他們一味的提要打破明星學校的迷思，只是讓家長更憤怒，更不信任政策罷了！

「我覺得不是打破明星學校的迷思吧！看來是要消滅明星學校。」有些參加的教育人員已經開始竊竊私語了。

教育部某位長官提到讓偏鄉的孩子也能讀明星高中，他們把這個當成「扶弱」的德政。我心裡許多ＯＳ，唉，他們是真不了解？還是不用心呢？

於是在開放發言時，我立即舉手。「請不要以為讓偏鄉孩子讀明星高中就是適性揚才，就是幫助弱勢生的表現。讓這些孩子到明星高中讀一年，最後不是讓他們放棄學習而已，而是徹底擊潰了他們的自信心。如果真要幫助他們，請先了解他們真正的需求……」

先生的當頭棒喝

第二天，媒體以斗大字體報導我對馬總統的建言。有人說我斷絕偏鄉孩子的機會。我嘆口氣，請他先去了解我全部的發言內容及真正的用意，不要只取片面來看。

回家後，我向先生訴苦：「他只希望學校的榜單好看罷了！有這樣的教育人員，教育怎麼有希望？」

我說得激動，先生卻冷冷地說：「這沒什麼好奇怪的。這社會就是大家只選擇自己想聽的，或故意挑出想攻擊對方的點。你不是說，你堅持做對的事嗎？你不是說，教育現場有很多讓人感動的地方，那你就不能為這一個『片面』而憤怒。」

真是一語驚醒夢中人啊，我要別人不能看片面，但我自己卻為片面而憤怒，甚至把一人的言論，扯到全面的教育，我自己也脫不了一根手指指著對方，卻忘了四根手指指著自己的情形呀！

「喝茶吧！」先生幫我倒茶。

我高高舉起茶杯，向先生致敬：「我受教了！」

如何迎戰十二年國教？

「中興的亮點在哪裡？中興的特色在哪裡？中興能帶給孩子的是什麼？……」我以家長的立場，開始寫下一連串的問題。

「十二年國教是什麼呀？」從教育部推出十二年國教的政策後，不只家長要瘋了，連老師都開始抓狂。

為了宣達這樣的理念，一場又一場的研習、一場又一場的說明會不斷舉辦，老師及家長也一看到我，就開始訴苦。

先安家長的心

「別慌，我們若先慌了，家長怎麼辦？我們先把一切弄懂了，逐項把家長可能產生的疑慮都寫下來，然後逐條集思廣益，想想看我們該如何處理。再利用親職教育時，逐一說明。等家長聽完，當發現自己的疑慮都不見了，就不會慌，孩子也才能穩定下來。」我在主管會報時，跟各處室主管說明，並指示各處室該分工的部分。

「校長，你這麼一分工，我們就有方向可依循了。」會後，佩君彷若鬆了一口氣。

我提醒她：「奮戰才剛要開始，適性揚才是十二年國教的重心。輔導室的生涯教育是一場硬戰喔！」

她平和地說：「我們平日就很努力在推適性揚才，只要教育部不要那麼多的表格規章，以我們落實的情況，我不覺得有額外的壓力，而且我們的家長現在也都被你改變觀念。大家都能正視孩子的天分，不再一味的追求明星學校，所以還好啦！」

「大姊，大姊。」正與佩君說著話，仁穩忙不迭地到我辦公室，他提到借調縣府擔任課督的候用校長李孟柱，要請他幫忙協助處理十二年國教的一些業務，並擔任南投縣教務主任群組的組長。

孟桂是我以前在宏仁國中的輔導主任，我請她為宏中設想，挺身出來參加校長甄試，希望她將來能回宏中服務。她一試中的，受訓後便被縣府借調擔任課程督學，負責處理十二年國教業務。

她曾跑來找我，抱怨自己沒兵、沒人手可幫忙，當時我已答應讓仁穩幫忙，但我仍請她打電話給我的主任，由主任決定幫不幫，這是基本的禮貌與尊重。

「我可以嗎？」仁穩一問，我立即回答他：「只要你忙得過來，當然可以，孟桂眼光真好，能找到你。其實，我看南投縣就你最適合了，既聰明又有概念，對教務熟稔，又當過訓導主任，資訊能力又是南投縣第一把交椅，真的非你莫屬了。」我說得仁穩好開心，我又加把勁說：「年底要校長甄試，多了解政策對你的考試有利。另外，你正好去把它搞懂，對我們推廣十二年國教也大有幫助呢！」

當充滿懷疑、憂心、不信任

仁穩高高興興地答應幫忙了，我卻陷入長思。

十二年國教會考將全國分成十五區，區區各有一套比序辦法，只要報紙報導其中一區，其他十四區的家長不明就裡就跟著緊張，再加上十二年國教加了個「免試」二字，不只許多家長誤以為真的免試。

我也曾在一開始的會議中，聽到某位校長高興地說都免試了，以後就輕鬆這樣的話語。

我心想等到以後既要會考，又要明星學校的特色考試，恐怕家長一定會把緊張化成憤怒。

唉！我嘆一口氣，開始著手寫下十二年國教中興國中的因應辦法，希望能先安穩家長的心呀！

但邊寫我邊懷疑，真的能安得了心嗎？台灣從早期的聯考制度，進入基測年代，基測辦法一改再改，我兩個女兒都是過渡期的白老鼠。

其實，當時我也跳腳，但我告訴孩子，無論制度怎麼變，唯一不變的是，你必須有堅強的能力，那是誰都帶不走的。

基測在一改再改之下，終於日趨穩定，大家都能接受這一套模式了，沒想到教育部又要變了。

如今十二年國教如火如荼的展開，我可預期它一定一如其他措施，在未實施前，遭致懷疑、憂心、不信任。

擔憂的當然以家長居多，他們在質疑、不信任下，一定會把孩子送往私立學校，因為他們認為教育政策反覆。如果孩子讀私中，就可以直升高中部，不用受到政策的影響。

那麼，我該如何因應呢？

「中興的亮點在哪裡？中興的特色在哪裡？中興能帶給孩子的是什麼？……」我以家長的立場，開始寫下一連串的問題。

十二年國教才剛開始，我們的硬仗已然開始了。

我坐不住十二年呀！

老師以為孩子聽到沒考試的壓力應該是高興的，但卻沒想到，孩子竟哭了。孩子抽泣著說：「我九年都坐不住了，還要我坐十二年喔！」

好友在鄉下學校擔任輔導教師。未婚的她，全心全力地幫助孩子，尤其是那些學習不力或是徘徊邊緣的孩子。孩子們知道她的愛，也由衷地愛她，因此個個都喊她「鄭媽」。

她得意地告訴我，她是鄭媽，也是「正媽」，像正妹一樣正。我說，正媽給人的印象應是打扮時髦、美麗的婦女。她是反傳統的正媽，一身不變的裝扮——古樸的中國服；一臉陽光的印記——雀斑加黑斑。

「不過你真的是很有味道，是很漂亮的正媽。」我稱讚她是永不退流行的正媽，因為「愛」是永不褪色的流行元素。

「多少邊緣的中輟生都被你救回來了。」當我說出這句誇讚的話時，她卻沉默些許時間，然後沉重地嘆了一聲：「以為把孩子放在學校裡，絕對是好的；以為把中輟生找回來，就是功德一件，但若是找回來後，沒有適度的安排有用的學習，只是讓孩子回到教室，繼續聽著宛如天書的課程。莫說小孩子，大人都坐不住。」她說到這裡，又再長嘆了一聲。

哭泣的孩子

她提起與輔導主任一起去找一名中輟生。

那時，她勸孩子回校，當她告訴孩子：「你很幸運，遇到實施十二年國教，沒有基測的壓力，也沒有不間斷的小考、模擬考。」

她以為孩子聽到沒考試的壓力應該是高興的，但卻沒想到，孩子竟哭了。

孩子抽泣著說：「我九年都坐不住了，還要我坐十二年喔！」

看孩子哭得傷心，她的心都碎了。

「一個從小學起就沒打好基礎的孩子。到國中後，面對一年年加重、加深的教材，然後待在大人眼中正義、公平的常態班，看著老師發下的『中等程度』的考卷，或是聽著對她而言，仍是艱深的『中等程度教材』。她在座位上熬過一節節四十五分鐘的課程。那不是九年教育的學習，而是這孩子口中的『坐了九年』。」她無力地以重重的嘆氣，終結感傷。

以後要好好學習英、日文

我想到學校前些時日購置一些烘焙用具，烘焙職群的孩子們七嘴八舌地說：「說明書都是英、日文耶！以後要好好學習英、日文了。」

我很詫異這群成績不佳的孩子竟會有這樣的想法。

與外聘的烘焙老師淑惠聊起這件事。她高興地分享她的作法：「善用孩子喜歡烘焙的心，引導孩子學習其他知識。例如讓孩子輪流進貨，那麼負責進貨的孩子必須算出來：幾節課程，有幾人上課，要做出多少麵包，需用多少麵粉，再依一定比例，算出需用多少奶油及內餡。孩子不會算的話，就要去請教數學老師。另外，也要教成本分析及計算，還有包裝及行銷術，從烘焙課延伸學習到數學、語文、藝文、綜合課等等。

「我雖然只會教烘焙，但我可以讓他們知道其他知識的重要，讓他們去找老師問、去找老師學。」

我看著淑惠說這話的神情，是驕傲，也是滿足。

從孩子的潛能出發，再擴展到其他知識的學習，這才是真正的教育。

我們曾看到有學校把成績差的學生放到技藝班，便算交差了事，對於孩子的學習成效不聞不問，也看過校隊積極操軍模式的訓練，卻忽略課業學習的報導。或許這一名未受過教育學程培訓的技藝教師的話語，可供我們深思。

該如何帶孩子學習？或許幫孩子找到學習的動機與方向，並給予恰當的指導，才能讓孩子不要哭泣著說：「還要我坐十二年喔！」

孩子的決定，堅強的心酸

我問孩子為什麼要選社區高中。
「這是情勢所逼。」他的回答讓我錯愕。

記得在最後一年基測的高中職申請入學放榜後，媒體記者紛紛到校採訪。一名考上台中一中的孩子阿祥在訪談中，自在地說自己的志願在台中高工，不會因為上了一中，就違背自己的初衷。

我和老師們都忍不住點頭叫好，尤其他的導師更是激動。提到這個孩子的資訊能力之好，一連用了好幾個讚來形容。

我在這個孩子身上看到自信，在老師身上看到賞識教育，忍不住也跟著喊讚。

孩子令人錯愕的回答

「校長，你們有一名高分的孩子就讀社區高中。我們可否採訪他？」一名記者提到一個成績很好的孩子。

我驚訝地直喊：「真的嗎？」

從電腦調出資料。主任驚訝地說：「這孩子只填這個志願，可見他非常堅持喔！」與他聯絡，他正好在學校，並表示願意前來。

在他來之前，我與記者隨興地聊現在的孩子多有主張。記者問我會不會勸孩子，一定要填第一志願。

我搖搖頭：「孩子知道自己要什麼就好。我們尊重孩子的決定。」

說著說著，那孩子來了。我對孩子說明記者來意，問他為什麼要選社區高中。

「這是情勢所逼。」他的回答讓我錯愕。

他說起自己是家中老二，上有兄姊，分別就讀大學及研究所。為了家境，他必須選擇有獎學金的社區高中。「如果我是老大，我就可以自己選擇了。」

看著稍帶懊惱的他。我急著告訴他：「錢不是問題，我和學校老師都可以幫忙解決。除了老師外，也有許多申請獎學金的管道。」

他搖頭說：「不用了。」要我不用著急。

我指著坐在沙發上的阿祥說：「如果你像阿祥一樣已經立定志向，要就讀社區高中，那我不會勸你，但我聽到你的遺憾，我不想讓你因為經濟的關係而有遺憾。寶貝，我幫助你是一種投資，將來你會幫助更多人呢。」

他聽到我這麼說，輕輕點點頭，然後堅定地告訴我：「不用了。最困難的決定期已過了。既然決定了，也跟家人說好了，就不想改變。反正這又不是終點。」

他堅強地微笑，幾乎把我的眼淚給逼了出來。

這並不是終點

他走了後，我對老師們說了他的事。

頓時空氣瀰漫著傷感，沒人說得出一句話來。

我想到今年近八十名可以上大家心目中第一志願的孩子，因為志向，因為想多睡一小時，不想到遠地讀書，因為想與好朋友在一起，因為孺慕某所學校辦學……而放棄第一志願，改選擇他們心目中想就讀的學校。我都很喜悅地給予祝福，而且也為他們感到驕傲，但，只有這個孩子讓我忍不住傷感。

教務處幹事慧青先打破沉悶，提醒我們：「那孩子說得好：『這又不是終點』，我相信他一定會更努力，他不會因為在社區高中而放棄學習的。」

是呀！孩子也說了：「最困難的決定期已過了」，這是他的決定、他的體認、他的不服輸，我該給予尊重與鼓勵，畢竟這也是決定。

只是，只是，我又犯了毛病的心疼與心酸呀！

（註：該名孩子三年後考上醫學系。）

校長媽咪這樣說

當所有的目光都聚焦在比序辦法、會考題目及分發公平性時，我知道我必須跳脫開來，站在一個高處來看待教育這件事。

孩子的能力，除了學科的基本能力的學習外，還有服務、感恩、思辨、創新……等大能力的學習。

從孩子的學習態度著手，教導其正確的做人做事的態度，並從孩子的專長、興趣下手，激發孩子的學習渴望。讓孩子知道為自己而學習，找到努力的目標，且學到有效的學習技巧，孩子才能擁有一輩子都受用的能力。

「適性揚才」是教育的大理想，也是教育的終極目標。要讓這句話不流於口號，必須要從教育的根本著手。**省思教育的方式，是否流於僵化、公式化、表面化**？不過，我先省視自己，教育的心念，是否有偏頗？之後，我再問自己，**能不能善待每一個孩子？不管其學科能力表現如何。能不能運用智慧及大家的力量帶起每一個孩子，讓他具備基礎能力**？

然後我想到我的小女兒，她曾為自己的成績辯解說：「考最後一名是做功德，可以讓同學不會被爸媽罵」、「能維持最後一名很不容易，因為一不小心就會追過別人呢！」當時，我不動聲色地採用各種方法，培養她的學習興趣及良好的學習態度，並與她一起找到未來的理想目標。

我記得她國小的一名老師聽到她考上台中女中時，驚詫地脫口而出：「怎麼可能？」

當時，我笑著回答說：「孩子有無限可能啊！」

是呀！孩子有無限可能，就端看我們怎麼教、怎麼帶了！郭台銘曾說：「格局決定在一開始。」想想，孩子的格局不就決定在一開始，我們是怎麼教的嗎？

徹夜難眠的一夜

我說：「校長更重要，因為一名校長只要影響十名教師變成好導師，就可以影響三百五十名學生。」

「校長，教育部找您去開會。」文書組長沈組長把公文拿來給我，還調侃我：「您不只是縣府的推動小組委員，現在連教育部都找您去開會了。」

到台北教育部的那一天下著雨。在電梯遇到幾個人，我孤陋寡聞，一個也不認得，只能點頭微笑。他們倒是談笑風生，看來都是教育部的常客。

開會時，主席先介紹與會人員，介紹我時，說我常在報紙上寫些教育現場感人的故事，其他的人也都是不時有文章出現的人物，然後提到開會的目的是：「因為各位是名筆，所以想藉各位的筆，幫忙教育部的十二年國教，寫些正面的文章宣導，好化解家長的疑慮。」

主持人一說完，就有一名年輕的校長發言：「既然我們都是名筆，那麼我們就要寫些數據或教育理論來說服家長，而不是說說故事吧！」

我聽著，馬上敏感地察覺，這名年輕的校長是衝著我而來，但我不動聲色，也不想發言對抗。

練就金剛不壞之身

其實，我遇到這樣的場面已經不是第一次了。

有一回到南部參加國際教育的研討會，一名北部學校的校長，很客氣地走過來對我說：「啊！你就是那位常在報上寫故事的校長呀！我經常讀到你的故事呢！」

我當時以為遇到粉絲了，所以對她笑一笑，沒想到她下一句話是：「我們北部學校比較不寫故事，我們都寫論文或評論性的文章。」

我再對她笑一笑，說：「您好強，我很弱，只會寫故事。」

當時跟我一起去參加的教務主任仁穩驚詫地說：「她怎麼能這樣講話啊？」

從小到大，因為是山上的孩子，因為讀的是非師大體系學校，所以我遭受到很多質疑嘲弄，這些已讓我練就金剛不壞之身，所以我還是笑一笑，不想理會。

會議中，陸續有一些與會人員發言，我保持微笑，不想發言，後來司長來了，他在會議中強調：「希望大家能寫些柔軟的教育現場的故事，因為故事才能感動人心……」說完後，那名校長又發言了，我以為她要爭辯故事無用，沒想到她的語調、方向都變了，開始闡述學校現場的確有很多感人的故事，她可以寫多少篇之類。

當天有一位某協會的林先生，他提到自己到東部學校協助一位老師，改變了三十五名學生，他感慨地說一名導師有多重要呀！

他說完，司長點名我說話。我先轉向林先生說：「校長更重要，因為一名校長只要影響十名教師變成好導師，就可以影響三百五十名學生。」

然後我坐正回答：「我就只會說故事，但要我說故事，得先有讓我感動的故事，我目前沒找到十二年國教有讓我感動的故事。若找到之後，我不需你們請託，我也會寫。」

我已經忘了那天怎麼草率結束，並從此毫無下文，但我知道我那天的發言讓整個場面冷了下來。

回來後，我腦海裡開始像電影播放般，播放著那些既酸又冷的人和話語，這些可都是社會的菁英，教育界的佼佼者呀！我突然意識到：知識傲慢是最要不得的，我絕不能讓我的寶貝們這樣！

但在一波波的教育改革中，我到底希望我的寶貝們呈現什麼面貌呢？

那一夜，我徹夜難眠，然後我打開電腦，寫了一封給孩子們的信。

十二年國教浪頭下，校長媽媽的一封信

孩子，我希望你在國中三年，能在老師與家長的指導下，認識自己的興趣、專長，從而建立一個屬於你所要努力的目標，而不是他人給你的目標。

孩子：我在許多親職教育的演講中提到教育對一個人的重要性，因為已過半百的我，仍深深地感受到過去教育對我的影響，其中包含了家庭教育及學校教育，甚或是社會教育。

我的父親是不苟言笑、嚴肅至極的傳統型父親。當我們跌倒時，他不准我們哭，也不會溫暖地擁抱我們；當我們成功時，他更不會顯露一絲驕傲，或是給一句鼓勵。我曾經對朋友說，我父親很像標點符號的句號，所有的喜怒哀樂到他那裡全結束了。

這樣的一位父親，卻以他嚴謹的身教，讓我們兄弟姊妹明明白白知道：李家的家教就是：「做事認真、做人清白。」父親一生清廉的自豪，成了我們一生任事的行徑與指標。因此，我對兩個女兒的教育，以民主化方式對待，教她們分辨是非、有榮譽心、自立自強、能感恩知足且能發揮愛心助人……我也希望這些美德能成為我給她們最好的財富。

栽培你們為明日領袖

前些時候，一位朋友問我：「在教育上，最想做什麼？」

我告訴他，除了把學校經營成一個大家庭外，我更想做的一件事，就是要栽培孩子具備領袖素養。沒錯，孩子，我就是要把你們當領袖來栽培。

我知道一定有人很質疑，這並不符合社會贊助貧弱的原則，但「把燈光提高一點，好照亮更多的人」，那個站在高處的領袖人物是真正能照亮基層的人，因此我們需要栽培能站在高處，且願意提燈的領袖。所以，孩子，不管將來你從事哪個行業，不管你能不能成為該行業的領袖，但我絕不能在基礎教育中疏忽了給你們領袖素養的培育。

說到領袖素養，第一要具備的是有目標及理想。

曾經有孩子告訴我，他的父母逼他讀醫科，但他其實很喜歡生物，根本不想從醫；也曾經有孩子告訴我，將來最大的願望是開一家餐館……不管孩子與我分享什麼樣的目標，我都只是站在傾聽及分析的角度，鼓勵他們腳踏實地地找到努力的目標，但也提醒他們，一旦決定了就要為自己負責，朝目標前進，所以，孩子，我希望你在國中三年，能在老師與家長的指導下，認識自己的興趣、專長，從而建立一個屬於你所要努力的目標，而不是他人給你的目標。

第二，我希望你擁有的是無畏的勇氣。一個擔任董事長的朋友個頭很小，但他的氣勢總能壓住很多場合。

我曾說他似乎是天不怕地不怕，他卻告訴我：「如果不管怕不怕，都需要闖，那麼就放手一闖。裹足不前、瞻前顧後都不是領袖的做事原則。領袖該具備的是事前的評估、自身的充足準備，然後就放心地應戰。」

我說：「放心闖未必能闖出名堂呀！」

朋友聽了哈哈大笑：「若遭遇挫敗便退縮，如何能成為該行業的領袖？」

他提到自己曾在風光一時後慘遭失敗，但即使在夜市擺地攤，他依然無所懼，努力靜待時機再起。他的笑顏中藏著一雙似鷹般銳利的眼神。

孩子，我不想說國父十次革命的激勵故事，但我希望你們去探索那些成功的人士背後的故事。高球場上的曾雅妮、棒球場上的王建民、烘焙天地中的吳寶春、科技業的郭台銘、法醫界的楊日松……他們的成功絕對是以無畏的勇氣，挑戰失敗的故事累積起來的。

我曾經看過一部影片，在影片中，一位鞋店老闆看著招牌上的鞋字，說：「鞋字半邊難呀！」但他的太太卻樂觀地說：「鞋字半邊佳呀！」我很喜歡老闆娘的樂觀智慧。她說一步難，一步佳。

淺顯的字句，卻蘊含人生的大哲理。既然人生是一步難一步佳，那麼又有何畏懼？孩子，別怕，勇敢地闖出自己的人生吧！

第三，我要你們不管成就如何，都要有一顆溫暖的心。

我一直很喜歡這兩句廣告詞：「熱情決定你的行情；氣度決定你的高度。」曾經我是孤傲、自以為是的人，後來身陷痛苦的幽谷中，但在他人一雙雙溫暖的手牽引協助下，我才找到光亮的路途，也因此自己下定決心：也要以一顆溫暖的心來對待他人、協助他人。

從自己下定這個決心後，我發現世界整個寬廣，生命也整個亮麗了起來。在以一顆溫暖的心愛他人、幫助他人中，其實也在莊嚴自己的生命、豐厚自己的生活。

孩子，我們所舉辦的寒冬送暖、跳蚤市場等等活動，看到你們發揮愛心，熱心助人的模樣，我很是驕傲，但我更希望不限定舉辦活動時間，我們中興的平日教育便能讓你們了解：一個能成為領袖且受愛戴的人，絕非慳吝孤傲之人，他必須具備一顆溫暖的心，因此我們要給你們最好的能力，就是幫助別人、愛人的能力。

最後，我要你們具備的領袖素養就是好奇、好學的精神。我們活在一個瞬息萬變的世界，隨時有新的事物，新的知識產生。能掌握時代脈動，並能與時俱進的人，才能奪得成功的先機。好奇與好學的精神，可以讓自己在時代的潮流中，站穩浪頭，且保持永遠的優勢。

孩子，不管你現今功課、成績如何，我希望你能早立目標，及時努力之外，更重要的是，**維持學習的熱情**。

學習是一輩子的事，不管你將來從事的是士、農、工、商，期許都能在你的領域上努力，時時精進，並從學習中找到學習的興味。

校長媽咪

是誰放不開？

我建議這位母親，先把第一志願的想法丟一邊，請她回去先把孩子的優點寫下來。

第一次會考的第一天，我一早到考場，陪孩子們應考，與家長們一一打招呼。

我一句：「辛苦了。」大家都心照不宣地笑了出來。

我隨口問一名家長：「有信心吧！」

她笑著說：「孩子已認真到讓人感動和不捨的程度了。我就告訴孩子，別管第幾志願，盡力就夠了。」我對她比了個讚。

學習蹲下來跟孩子說話

一名家長跑來找我。她笑咪咪地向我說謝謝。

我輕聲問她：「現在跟孩子ＯＫ嗎？」

她笑著點頭。

記得去年她參加親師座談會時來找我。當時她一臉愁容，年紀比我輕的她，卻面容憔悴，讓人看了很不捨。

她說起自己是個單親媽媽，傾全力帶著唯一的兒子，因過世的先生留給她不少遺產，加上她的高薪，她的孩子可以享有很優渥的環境，所以她送孩子去補習，也請了家教。要花多少錢，她都不在乎，她只希望孩子可以在功課上表現亮眼。

「好歹也要培育孩子考上第一志願，才能告慰過世的先生。」她如此希望。

但孩子上了國中，成績不但不亮眼，還逐年變差。

她又急又氣，每天叨唸個不停。孩子被逼急了，除了更不想讀書，還對媽媽關上了溝通的大門，這是最讓她頭痛、傷心的地方。

那一次，我建議她先把第一志願的想法丟一邊。請她回去先把孩子的優點寫下來。另外，除了學歷外，也寫下希望培育孩子未來成為一個怎樣的人。

「你必須先破除你內心的障礙，你才能培育一個一流的孩子。」當時，我這麼跟她說，還教她怎麼蹲下來跟孩子對話。

她答應要努力試試看。

第一志願不是美滿人生的關鍵

「我回去邊想邊寫，寫了好多孩子的優點。我發現我生了個很棒的兒子。」她笑著說。

她把逼孩子考第一志願的念頭去除後，除了她比較心平氣和外，孩子也逐漸打開心門，願意與她對談。現在兒子爽朗、樂觀的態度，讓她很欣慰。

她提到前些時候志願選填測試時，她與兒子談到，他們是十二年國教白老鼠。大家都認為志願序、作文成為第一志願關鍵等等，都是讓人覺得不公平或有爭議的地方。

但孩子居然聳聳肩說：「沒差啦！會考又不是努力的終點；第一志願也不是美滿人生的關鍵。」

孩子又說：「媽媽，是你教我的。你平常不是常提到未來要成功，要有很多能力嗎？你也說，態度才是最重要的能力。我就算少一分，不能上第一志願，又如何？我會不斷努力累積實力，將來時機到了，就可以一飛沖天囉！」

孩子搞笑地學超人模樣，她被逗笑得眼淚都流出來了。

說著說著，她眼眶又紅了。

「校長，你教我先破除心理的障礙，這是最難，但卻也是最重要的一門功課。你要我想清楚，要培育孩子成為怎樣的一個人，我才知道我要努力的方向，因為我希望培養出一個熱情、踏實、肯吃苦、有禮貌等的孩子啊，而這些可是關係到他未來能力的培養，一點都不輸給課業成績啊！」

學會別人搶不走的能力

我恭喜她的突破，也很驕傲地指著一個去年畢業，今天回來關心學弟妹的孩子。我告訴她，這個孩子去年堅決的以第一志願最優異的成績，選讀第三志願的學校。

他斬釘截鐵地告訴我們，他選讀的理由。

我驚訝他思緒清楚，分析得宜，顯見他也做足了功課，說服父母。

他一早來考場，也告訴我，他現在很忙，他必須多學習、多累積一些能力。「我們的競爭對象不只在台灣，與其抱怨人家，搶了我們的機會，不如認真努力，累積能力，讓人家搶不走。」我說這孩子的成熟，也讓我驕傲不已。

我想到前些時候參加十二年國教的某些會議，會中有家長為了某一分的公平與否，怒氣沖沖地大罵的場景，再對照今日這兩個孩子說的：「會考又不是努力的終點；第一志願也不是美滿人生的關鍵」、「我們的競爭對象不只在台灣」，或許做家長的我們，可以有另一番體悟吧！

他的未來，他自己決定

不論政策怎麼變，培養孩子的扎實能力，發掘他們的多元智慧，才是我該做的。

會考結束後，一些家長擔憂地問我孩子的未來該怎麼辦。我想到去年……某天中午時分，教務主任淑娟打電話向我報告特招放榜了。我不假思索地問她幾個孩子的狀況。一個是阿平，他來自偏遠的山上，三年前，自己跑來中興國中報到。只因國小校長提起他應該到市區學校就讀，較有競爭力。他的父母都在大陸工作，所以他與爺爺奶奶一起住。

為了來中興就讀，他自己在外租屋。生活自理得非常好，也保持優異成績，老師們都對他讚譽有加。可是當會考成績出來，雖然成績還不錯，但明顯有點失常，果然一免放榜後，他上了一所偏遠學校的化工科。

孩子勇敢聽自己內心的想法

我感到十分詫異，問了他，他笑著說：「填著玩的。我就是要考特招呀！」當時，他語氣非常堅定。

特招成績放榜，我知道他穩上第一志願，心裡很為他高興。心想他這三年的努力就是為了這個目標，但讓我詫異的是，他竟然填了另一所學校。

淑娟說他繳交志願卡時，曾問他，真的不填大家心目中的第一志願嗎？他堅定地說：「這就是我的選擇。」

我聽了哈哈大笑，真的很為他感到驕傲。他原本可以填第一志願，回到山上村落裡，讓大家大書特書，讓爺爺奶奶驕傲，但他卻勇敢地聽從內心想法。

陪孩子讀三本無形的書

另外，有一名孩子，母親也是教育人員，孩子考上了第二志願，她卻已覺得很棒，一直規勸孩子，不要再考特招了，但孩子告訴她，想再試試，給自己一個機會。孩子說：「就算沒成功，也不會有遺憾。」

特招成績出來時，她知道成績未如預期理想，很平靜地接受，因為沒有遺憾。

「她媽媽最苦，繞了一大圈，又回原點。」淑娟最同情孩子的媽媽。

我笑著說這是媽媽的甜蜜負擔。不管女兒考得如何，看到女兒不放棄任何一個機會，該是既心疼又驕傲的吧！

另外有幾個孩子當初報名參加特招，他們的目標放在職業類科，也很認真地到學校自習，等到放學，這幾個孩子的家長來接時看到我，卻對我有點尷尬地說：「孩子又不是要考第一志願，只是要考高職罷了，卻每天都還到學校跟那些成績好的學生一起自習。」

當時，我微笑告訴那名家長：「你要覺得很驕傲，孩子已找到目標了。」同時，我也對家長說明適性揚才的意義。

家長笑著說：「校長，我們已經聽過你說明很多遍了，而且也照你要求的，陪孩子讀那三本無形的書：認識自己、愛、生活。」

聽完，換我尷尬地笑了出來。

培養孩子的扎實能力

「校長，考上第一志願的人數，南投縣還是你們最多唷！」一名記者告訴我，他訪談的結果。

我笑了笑：「孩子考上哪裡不重要。重要的是，那是誰的選擇！」我開始告訴他上述孩子們的故事。

「校長，你不為孩子心疼嗎？你不認為明年應該改變考試方式嗎？先特後免，或考一次會考就好了嘛！」記者急切地問我。

我無奈地笑了笑：「無論採用哪種型態，教育部的長官一定有他們的教育理論依據，只是他們可能輕忽了教育現場所面臨的問題；也沒體會家長的心，更可惜的是沒能力論述他們的作法，讓民眾理解後，能安心接受。」

我知道十二年國教上路的第一年，在紛紛擾擾中過去了。未來各區家長仍會關注在先特後免的議題上，社會也仍會熱烈討論明星學校。我也知道在紛紛擾擾中，我們要隨時迎戰新制度，適時變革；但我心裡最知道的是，不論政策怎麼變，培養孩子的扎實能力，發掘他們的多元智慧，才是我該做的。

我想告訴長官們，當你們在爭論特招存廢或先後順序、明星學校光環的消長、比序項目及分數輕重時，或許看看孩子了吧！許多孩子已然用他們的堅持，用他們的選擇告訴我們：他的未來，他自己決定。

誰多事了？（一）

祕書長來到中興，提到縣府許多人都在「唱衰」南投辦理燈會一事，問我可想到什麼點子。

從知道南投繼新竹縣之後，要辦理全國燈會，到前往新竹參觀，質疑南投能否辦理的聲音四起，幾乎是一片倒的搖頭。

「李校長，你比較有點子，創意規劃組就請你幫忙了。」一開始接到長官指示，在別人還在質疑之際，我便找到幾名校長一起幫忙。

大家分組，從各鄉鎮的特色、產物，想到花燈的材質，要有特色，且符合環保要求，最後也是最重要的討論是，一定要省錢的，因為南投縣太窮了……我們固定聚會，交作業，把蒐集到的資料統整分析，最後我們發現南投其實可以辦出既省錢又有特色的燈會。

從「唱衰」到讚嘆

祕書長來到中興，提到縣府許多人都在「唱衰」南投辦理燈會一事，問我可想到什麼點子。

我當場秀出幾個花燈。第一個花燈拿出來，燈光一亮，美麗非凡。祕書長很有興致的看，並問我要多少錢。

「這個是用埔里鎮的紙做的，一個花費三十元，環保且經濟實惠吧?!」祕書長微笑點頭。

我再拿出一張照片，畫面是在彎曲的路旁，擺置一根根長短錯落的竹燈，簡單的將竹子鋸短，穿洞，再放進燈具。晚上一點亮，效果極佳。

「這是竹山的竹子嘛！」他驚詫地發現美麗的燈光燈具，竟是便宜的竹子。

「這個是採竹山鎮的竹子做的，也是幾十元罷了。」他笑了。

我又繼續拿出照片介紹，「這是保麗龍碗做的」、「這是回收的寶特瓶做的」……

「如果用這些南投縣容易取得的材料來做；如果辦理全國花燈，不僅僅是縣府的工作，而是全民一起來，農會系統、社區發展協會系統……等等都加入；如果學校把花燈製作融入教學中……其實辦理燈會並不難。」

祕書長聽了，高興地指示：「下週一全縣各局處長會議時，你來做報告，讓大家安心吧！」

我把所有的資料做成簡報檔，在會議中報告。結束後，有幾位局處長對我說：「聽完你的報告，我們就放下一顆心了。」

教育處長官放話

但幾天後，有人傳話給我，教育處長官希望我「不要『假敖』〈多事的意思〉」。「南投縣承辦幾次的全國性運動會，明明是全縣的事，最後都變成是教育處獨撐。這一次承辦燈會，應該要各局處都動員。不要你去報告後，工作又都落到教育處身上，所以請你不要多事。」

傳話的人講了幾次「不要多事」，我聽懂了。心裡有些難受，找到一位老友訴苦。他聽了哈哈大笑，說我太單純、太雞婆。

「公務機關本來就是多一事不如少一事。你做多了，人家不會感謝你，做成功，受到長官讚賞，被忌妒、中傷隨之而來。做錯了，長官責怪之餘，落井下石的也不會少，所以要你不要多事，算是客氣啦！」

老友頓了一下，再問我：「閩南語有句話說，有功無賞，打破要賠。你沒聽說嗎？」

我搖頭。

老友又再提醒我，不要雞婆多事了。

他提到我去餐廳用餐，只要覺得不好吃，就去提醒主廚一事，「讓人家尷尬萬分」。在我抗議聲中，他又提到我高中時，看見前面一個女生的窄裙穿歪了，急著跑上前去提醒。那小姐惡狠狠瞪我的事。

「你還記得她對你說什麼嗎？」

我想起來了，「她罵我土包子。」

她哈哈大笑，我也隨著她哈哈笑，但我覺得我的笑聲聽來，總有些淒涼啊。

那該花多少錢啊？（二）

我帶領他們想像美麗花燈的美景，當過行政人員的柔菲老師立即問：「那該要花多少錢呀？」

「校長，您可以幫幫忙嗎？」一天，社教科長來找我，提到副縣長最近在會議中說，距離台灣燈會點燈日期僅剩一兩個月，可是全縣竟然安安靜靜的，完全沒有前置活動為燈會先暖場。

「副縣長問教育處可不可以先開始？我就想到你了。」科長一副非我不可的模樣。

三大原則

今年二月，我知道明年南投要承辦全國燈會，我便未雨綢繆與藝文領域老師商討提前製作花燈。

我的原則是：不要花大錢，不要花額外的時間，將花燈製作融入課程中實施，分年級製作花燈。

最有點子的謝佳珍老師，提議她要帶商業設計職群的孩子，一起製作竹球燈飾。「一串串竹球掛在樹上閃耀，各位能想像一樹輝煌景象吧？」

大家還在點頭，她又提到另一個點子。

用壓克力材質的十二面體構成球體，每面貼上黑色卡典西德貼紙，用陰陽刻的方式刻圖案，撕去陰刻部分，再貼上透光的彩色西德。

當一顆顆彩球錯落有致地放在地上，燈光一亮，便宛如一顆顆的鑽石。

創意十足外，最重要的是，一顆球需要十二名同學一起合作完成，可培養孩子們的團隊精神。

我一聽，便拍手叫好，也呼應已找一位專門製作藝術蠟燭的朋友，製作一個圓柱體如竹節中空的蠟燭，白色的蠟燭外圍鏤刻一匹馬，呼應燈會一馬當先的意涵。然後讓孩子以軟蠟採紙黏土的手法裝飾。

晚上時分，將小蠟燭點亮，放在其中，放置桌上，可欣賞各個作品的裝飾與燈影變化，也可以拿著外出照明，更或是當作送人的禮物皆可。

我又拿出一個多年前製作的燈具。以壓克力及埔里紙繩纏繞的圓柱形吊燈。「想像整個迴廊或整個街道上空掛滿這些燈籠，該有多美呀！」

少少錢，卻做出大效果

我帶領他們想像這樣的美景，當過行政人員的柔菲老師立即問：「那該要花多少錢呀？」

我說別人一個燈籠可能要花一百五十至兩百元，我們只要三十元，因為這都是在地埔里出產的東西。

花少少的錢，卻可以做出很大的效果。

大家聽得高興極了，便決定由七年級製作的紙燈籠題名為「微光故事」，八年級製作的蠟燭燭台裝飾，名為「燭光彩焰飛舞」，九年級所製作，最難的壓克力陰陽刻，大家命名為「大地影舞立方體」。

整個架構出來後，用兩個學期的時間，我們好整以暇地把花燈全都完成了。

所以當社教科長向我提出辦理「亮點學校點燈典禮」時，我只微微皺了一下眉頭。

科長緊張地問：「我經常來學校，我的女兒也在這邊讀書。我知道你們老早就做好了，不是嗎？你若是擔心點燈儀式記者會的經費，你完全可放心，我們會補助的。」

我微笑，搖搖頭：「不是的，我是擔心你們命名『亮點學校』點燈儀式記者會，這個『亮點學校』，會不會太招搖？畢竟中興已經夠讓人眼紅了呀！」

科長要我放心：「那是長官想出來的。在燈會會場附近的六所中小學都叫亮點學校，你不用太擔心了。」

聽他這麼一說，我放心地說：「那看我的。我一定展現真正的亮點。」

燈亮了（三）

朋友輕聲地問我：「杯加蓋，一組三十元。你不會嫌貴吧？」

十二月二十五日傍晚五點開始，來賓陸陸續續進到中興校園。從大門口到拱橋，穿過迴廊，走過桃花心木下的走道，然後到中庭，這一路，兩側都有慈濟的師兄姊及學校的老師們手拿著燭台，歡迎賓客來到。

在天色逐漸昏暗下，看到瑩瑩燭光，特別浪漫美麗。許多參與的師兄姊直呼感動。他們說九二一地震後，慈濟援建中興國中至今已逾十年，沒想到，我還記得他們。

「做人不能忘本，有情有義是做人的根本。」我向他們鞠躬，謝謝他們肯來參與，而且讓我感動的是今晚點燈後，將舉辦音樂會。

我原本苦惱的晚餐問題，擔憂自助餐的方式會影響演唱者，吃便當又有回收的問題。慈濟師姊一聽到就主動聯繫，願意提供慈濟非常有名的香積飯。像手卷一樣的香積飯，人手一卷，沒有發放或回收的問題，他們幫我解決了最困難的問題。

朋友幫大忙

「校長，十二月了，晚上很冷，我們來煮熱呼呼的臘八粥，請大家吃。好不好？」秋蓉貼心地提出建議。我才回答，好呀！

碧雲馬上務實地提出來：「用什麼裝？若是用保麗龍碗或塑膠碗，都不符合環保。用一般的碗，我們也沒那麼多。怎麼辦？」

她在提這些問題時，我腦筋飛快地轉動。突然，我想到了一個朋友，她家是各種家用品的大盤商，她家的倉儲一定有過期、賣不出去的馬克杯，於是我打電話給她。

熱心的她立即去找。賓果，還有一批早期自日本進口的馬克杯。

她輕聲地問：「杯加蓋，一組三十元。你不會嫌貴吧？」

我笑著回她：「我還有基本的良心，好嗎？」

她在電話那頭，笑得很大聲：「你都為學校設想。看來，我收你的錢才是沒良心囉！」

於是，當代理縣長帶領一群貴賓一起碰觸電光球時，球體亮起來，先帶動台上一樹的竹球燈亮起來，然後地上的壓克力雕刻球，也如鑽石般閃亮起來，最後迴廊及兩排的桃花心木下掛滿的吊燈，也都依序亮起來。大家驚叫著，讚嘆著。

突然「是誰在敲打我窗？……」歌聲傳來，大家驚呼，蔡琴來了嗎？並開始尋找歌聲從哪裡傳來。

舞台側面放置一個加大型的壓克力球開始亮起。「裡面有人。」有人驚叫，素有南投蔡琴美稱的鄭淑娥是我的好友。

她緩緩打開一面壓克力走出來。大家又是一陣驚呼。

我在大家驚呼中，滿足的喝下一口臘八粥。沒錯，在冷冷的十二月的夜裡，喝上一口臘八粥，真是又甜又暖和！

記者會成功啦。

我們的最漂亮（四）

他驚訝地問：「你居然敢讓學生做這些花燈？不怕家長投訴浪費學生讀書時間。」

「找到了，找到了。我的作品在這裡。」

「我的也找到了。」

一群孩子在中庭興奮地叫著。看到我，便要我去看看他們的作品。

我驚嘆地說，太美了，太美了。

他們的小臉上寫滿得意與滿足。

每個孩子發揮巧思做出的精美作品，布置在校園中庭。當天色昏暗，燈光亮起，這些燈飾不只讓寒冬冷風直吹的校園亮了起來，更帶來陣陣的溫暖。

從布置好，並進行點燈活動，傍晚時分，便有孩子及老師們流連在花燈下，或欣賞或拍照，但最多的是在尋找自己的作品。

當他們看到自己的作品時，驚嘆、滿足、驕傲的豐富表情，比那些花燈更迷人。

學校的花燈雖然採LED燈，用電量很小，但我們仍設定傍晚五點亮到晚上九點，方便民眾吃飽飯後，進入校園散步及看燈。

晚上，我也到學校。一些民眾已從媒體報導上知道訊息，跑來欣賞。他們讚嘆學生的創意與手藝。

我在一旁聽得驕傲不已，也忍不住插嘴說：「這些學生真的好厲害。」

一名媽媽感嘆地說：「我們窮縣，沒辦法，只能做做這個、看看這個了。」

我忍不住地告訴她：「雖然我們沒什麼錢是真的，但不是沒錢就不能辦事。你看這些燈飾都是用我們南投縣的特殊紙、竹子所做出來的，用在地的物材，配上巧思及創意，這樣的燈飾超有特色的，絕對不會比用錢堆砌出來的科技燈來得遜色。」我還想再講下去，看對方一臉錯愕地看著我，我先生趕緊把我拉離開。

「讓他們靜靜地欣賞吧！你們的燈真的很美。不用說，用心看。」先生拉我在燈飾下坐著，靜靜欣賞。

朋友的質疑

我沉沉地嘆口氣，想到前天一個老朋友來看我。曾在外商機構服務的他，一面讚嘆這些燈很美，一面估算地問我：「做這些燈要上百萬吧？」

我告訴他，是學生製作的，只花一點點錢。

他又驚訝地問：「你居然敢讓學生做這些？不怕家長投訴浪費學生讀書時間。」我告訴他：「我們已經充分討論，將之融入課程中，所以不會浪費學生的讀書時間。」

說完，我忍不住沉沉嘆口氣。若是動輒以影響學生課業為由，什麼事都不讓孩子參與製作，孩子怎會有美好的回憶？

「好期待花燈時間趕快來到，讓更多人看到我們做的花燈。」孩子興奮地期待著，他們以身為南投的一員而驕傲；以自己參與了創作而驕傲。

「校長媽咪，你覺得我們做得好看嗎？」孩子問我。

我點點頭：「你們是用愛與祝福當材料，用汗水當顏料製作出來的，當然是最棒的。」

孩子興奮地說起製作的辛苦及有趣的過程。彷彿每一盞燈都有一個美麗的故事。

我聽著，看著，愈發覺得這些燈飾真的太棒了！

寒流中的閃耀花燈（五）

每天都去報到的她，笑著說：「奇怪呢！每天去看，都覺得不一樣，每天都很漂亮。」

「一開始說起辦台灣燈會造成我們家出入不便，有抱怨，也有氣，但現在去看花燈，聽到來參觀的民眾誇讚，說比其他縣市辦得都要精緻時，身為南投人的驕傲感，立即油然而生，忍不住也湊過去跟著呼應，還豎大拇指比讚。」

碧雲說起她父親去看花燈後，態度上從一開始的懷疑、抱怨，轉變為驕傲，對花燈津津樂道。

在大家哈哈大笑中，她也忍不住拿出手機，秀出她拍的相片，跟大家分享。其他同事也紛紛秀出自己拍的相片。

「怎麼會這麼漂亮呀！瞧，省政資料館前馬路上的燈廊多美，那都是我們孩子的作品。」碧雲的語氣與表情也充滿驕傲。

我調侃她：「我看你的驕傲感也不輸給你父親呢！」

「我不算什麼。雅如每天都去報到呢！」

我一聽，瞪大了眼，因為交通管制，去看花燈都得步行，加上中興燈區分散，從南到北要走幾公里，而且這幾天寒流又來襲，忍不住說雅如一陣：「冷颼颼的，你還出門啊！」

她笑著說：「奇怪呢！每天去看，都覺得不一樣，每天都很漂亮。」

她粉嫩的臉上泛起一抹紅彩：「校長，去聽人家對我們的讚美，暖呼呼的，一點都不冷，而且會有一種身為南投人的驕傲。我們鄰居現在談的話題都是燈會，都是驕傲。因為這個活動，讓大家凝聚起情感，不也是另一番收穫嗎？」

不只是驕傲，更是溫暖

我點頭稱是。想到在南投市場附近販售服飾的朋友胖店長，那天她也興奮地秀出臉書的相片。

我驚訝地說：「你改成燈會的相片呀！」

她得意地說：「我是南投人，一定要支持南投的活動。」

她說起每個燈區的特色，用不同的形容詞，形容不同的美感。說到激動處，還驕傲地唸她在臉書上寫的一段話給我聽。「我文筆不好。你不要笑我。」

我對她比個讚：「真性情，才感人。」

「我們就需要一點活動，一點激勵，不然現在天氣或社會氛圍都太冷、太悶了。」胖店長感性的話，讓我忍不住叫好。

「校長，你那麼怕吵，你會去嗎？」

我對碧雲點頭，堅決地說：「我也是南投人，怎能不參加這場盛會？」

我還告訴她：「明天是情人節，我要一一打電話給同學，邀他們帶另一半來看花燈，這裡不用花錢，在有花園城市美稱的中興新村可以找回浪漫，多好呀！重要的是，我也要帶他們感受我們的用心與團結。」

「校長，你也要驕傲一下囉！」

我笑著搖搖頭：不只是驕傲一下，而是要去那裡感受到光芒與溫暖。

我知道在這一個絕美的中興新村，可以在每一座花燈中閱讀到不同的故事；在每一轉角中看到驚奇；最重要的，在寒流陰冷闃黑中，走進燈海，浸沐在溫暖燈光中，找到感動的力量。

她丈夫說起罹癌的太太：「她就是不肯休息，一定要去當志工。剛開始真的很生氣，不過後來看她做得很愉快，倒覺得這才是支撐她活得更久的原因，現在看到學校要重建完成了，她才安心地走了。」

經歷過，努力過，就不會遺忘

一群從四川來的中小學校長，在暑假期間，由中台科技大學的教授安排來聽我演講。教授提到講題為我把宏仁國中從谷底帶起來的故事。

當天，我先帶他們到校園參觀，然後才到閱覽室中演講。

在演講中，我提到經歷過南投九二一地震的我們，走過那段倉皇、奮勵、重生的歷程。雖然辛苦，但生命也因之有滋有味。

或許是這樣的共同經歷，有著共同的情感，所以講完後，發問特別踴躍，但問的卻都是關於地震後的問題。

重建，是大家的事

「請問你，地震後有大量物資湧入嗎？你們怎麼開始籌募物資？有遇到困難嗎？」一位女校長首先問到最實際的問題。

我一下子思緒就拉回到地震那天，凌晨一點四十七分發生地震，六點已經有許多師生到校，一個個站在集合場。看著四層樓變成三層歪七扭八的教室大樓，面面相覷，不知該如何是好。學生看著傾倒的校舍，問我：「主任，怎麼辦？」

我鼓勵他們：「沒有極大的破壞，怎有極大的建設？沒有極深的災難苦楚，怎會激發極強的潛力？」話雖那麼說，但實際上我也在問我自己：怎麼辦？惶恐害怕依然隱藏在內心深處。

沒多久，新校長李豐章趕來學校，他八月二十六日才就任，還沒滿月，學校就倒了。對中興新村地區人生地不熟的他，也無可奈何，因此我和幾位主任商量，將教職員工分組。

一組搶救物資，一組找尋物資，包含借用處所，讓孩子們復課。導師開始聯繫學生，了解學生狀況。人事室負責聯繫所有教職員工。

沒多說話，沒計較，分配到工作的就馬上做。

當時一群人在餘震不斷中，彎腰攀爬，進入危樓搶救電腦等昂貴物品。一群人自動排成人龍，以接力方式，搶救課桌椅打掃用具等可用物資。

當時大家餘悸猶存，但還是以搶救物資為重。同事說沒結婚、沒小孩的、比較沒負擔的上樓。負擔重的在樓下，也沒人有怨言說歧視未婚。

搬呀搬的，突然聽到生教組長達祥喊了句：「這樣不行！」

大家都看向他，我也很詫異，一向做事不落人後的他，怎麼會喊這一聲。

他看著大家說：「這樣搬，太沒效率了。我去找人捐厚重耐用的帆布。我們從樓上把布匹垂下來，然後讓東西順著布滑下來，可以減輕人力，又可以更有效率。」

我聽完，鬆了一口氣。明顯地，大家也跟著鬆了一口氣。臉上僵硬的線條都緩和了下來。

只有達祥繼續說：「我太太的成衣廠和那些廠商都有往來，我來負責找布。」

達祥說完，大家響起如雷掌聲。

我看看中興國中老師的年紀都偏大，搬個一天就氣力殆盡，所以我說我負責去找軍方幫忙。

一開始這麼動起來，往後只要有需要什麼東西，我們同事都主動找尋自己的友人幫忙。

透過全校同仁的幫忙，籌募物資已不是校長或是總務處的事，而是大家的事，所以一點都不難。

記得那時候搬下來的物品，我們用帆布蓋好，但隔天總會發現少了水桶、少了掃把的。

有人罵，但馬上有人補上一句：「他們有需要吧！」

這一句話讓大家嘆氣，又繼續搬運。

有需要才拿吧！是我們當時的想法，甚至我們的孩子也在災難中學到分享，有人把送到手的物資捐出來，因為「有人比我們更需要」。

十萬元，從失望到泛淚光

有一天，一位議員來學校表示有日本大分市的老師代表要來捐贈物資。

大家問說有可能捐多少。

議員說：「應該有幾千萬吧！」

大家興奮得開始規劃，幾千萬要用在什麼地方。

第二天，我們列隊歡迎他們來到。看到來賓提著大包包，我們緊盯著可能裝著幾千萬的包包，他們一直透過翻譯，詢問地震的事情。

我旁邊的一個日本人嘰哩咕嚕對我說話。

我點頭回答：「授爹是捏」、「授爹是唷」。

校長看著我說：「原來李主任，你會說日文呀！」

我趕緊搖頭說，我只會這兩句，大家都笑了起來。

終於，終於大家引頸期盼的數千萬元捐贈開始。

翻譯說他們從日本來要捐贈貴校「十萬元」，聽到這句，大家已經失望透了，再聽到「日幣」，更是難過。心想你們這些人不用來，把機票錢捐給我們更實際呢！

接著，翻譯說起這十萬圓日幣是他們的小學生自發性的，每天努力地去撿寶特瓶，清洗乾淨後，賣到資源回收處，一塊錢一塊錢的累積起來的。

當大家聽到翻譯這麼說時，現場一片靜默，還有人已經眼睛泛著淚光。

當校長代表收過捐贈時，我們用力拍手到手都紅了。那份捐贈讓人暖到心坎裡。

永遠都不能花的基金

所以後來當臨時組合屋蓋好，教室棟與棟之間因鋪設砂石，好動的青少年學生，經常在跑步中摔倒受傷，老師也常扭傷，大家苦不堪言。開會決定要鋪紅磚道改善此一情況，談到錢要從哪裡來時，有人想到日本捐贈的錢可用，但馬上被否決說：「那筆錢永遠都不能花，那是我們重建的永遠基金。」

「不能再坐等他人救援，我們必須站起來並踏步向前。」大家決定靠自己的力量，全校教職員以自由樂捐的方式，在短短兩天內，即捐出新台幣拾肆多萬元。

一塊磚一塊半，我們買了拾萬塊的磚。當卡車載來一車車的紅磚時，大家興奮得又叫又跳，但卻發現沒錢請工人鋪，怎麼辦？於是校長、老師帶著學生一起鋪。

「我們不消極等待救援，等待物資。在地震中，我們學會愛與分享，更學會勇敢與堅強，這是我們找到最好的資源。」

我說到這裡，大家響起如雷掌聲，我想他們懂的。

接著又有一位校長舉手發問：「震災中的確有人性光輝的一面，但也有不堪的或要注意的吧？請您分享。」哇！正向的記憶長存，因為讓人愉悅，負面的總是讓人想要遺忘，但他卻要我回憶。

中興國中早期有一條新興路穿過校園，把校園一分為二，所以學生要到另一邊的思德園上童軍課程或去掃地時，都得穿越危險的馬路。平日若遇到呼嘯而過的汽、機車，老師上課就會被中斷，所以校內重建規劃小組與建築師討論時都提到這一點困擾。

慈濟上人聽到就提議，在學校周邊規劃出另一馬路用地，以地易地，把馬路拉出校園。

這個提議獲得大家贊同，縣政府也極力幫忙，但附近一名居民卻跳出來反對，任由校長、總務主任再三拜訪、解釋，他還是不願意。

後來眼看動工在即，他居然在側門燒紙錢，對校長總務主任進行詛咒，還以小發財車以喇叭發送，表達不滿。

當時李豐章校長氣得不知如何是好，我們提議：「聽說他也在公務機關上班，去查他有沒有請假，請他的主管了解一下。」

這一招，讓那個人不敢再利用上班時間來干擾。或許是他的長官協助，他不敢再妄作妄為。

學校重建後，大家都稱讚學校以地易地的作法正確。新的馬路既寬敞又綠美化得宜，學校獲得安寧，學生也得到安全保障，一舉數得。

「多虧了校長及總務主任當時的堅持。」我一說完，大家都點頭。

只是我沒說起總務主任在重建時期，兒子罹患糖尿病，得終身注射胰島素。當時有人就提起是那個人的詛咒，雖然是無端聯想，但主任不眠不休，沒照顧到家人，卻是我們覺得遺憾的。

最清涼的綠色走廊

「那一個人是例外嗎？你們與社區的互動，好嗎？」我看著提問的校長，用力地點點頭。

組合屋一蓋好，雖是十二月，但大家已經想到在炎熱的天氣中，坐在高溫酷熱的教室裡上課，怎能承受這般苦楚？所以學校的老師就帶著學生種百香果，期望藉著百香果的藤蔓爬上屋頂，帶來一室的清涼。

學校附近的一位李老先生，已經八十幾歲了，聽到這件事，就開始幫學校育苗。「種絲瓜或南瓜比較快啦！而且到時候絲瓜、南瓜還可以賣呢！」

李老先生從家裡捧來一箱箱的瓜苗，有絲瓜、瓠瓜、南瓜。「以後就有綠色走廊了。」學生喜悅地叫著。

老師在兩排簡易教室中拉鐵絲，搭棚架，並帶著學生和李老先生學習種瓜。

被感動的環保工地

「你們見過做環保的工地嗎？」我問了這句話，他們不解地搖搖頭。

因為一般人對工地的印象都是髒髒亂亂的，有工人吐的檳榔汁，隨意丟的菸蒂及瓶瓶罐罐。

我得意地說起，中興國中重建的工地入口擺著資源回收袋。工地的地上找不到一張廢紙、一根菸蒂，工地事務所的牆上還貼著環保標語及一些鼓勵的話語。

那時工人笑著告訴我，那是他們的工頭，以拿圓鍬的手改拿毛筆寫的。蒼勁有力的手寫出一手好字。

聽到我的誇讚，工頭羞澀地笑著跑到一旁抽菸。

我問起推動工地環保的動機。工人笑著告訴我：「起初是被煩的，後來是被感動的。」

原來住在台北的美玲師姊因為聽到這所學校紅磚道的故事，跑來一看究竟，居然愛上這所學校，就請求住進學校的單身教職員宿舍來幫忙。

她白天帶著社區媽媽奶奶們到工地撿垃圾，勸導工人要做環保。「你不曉得，一開始我們覺得煩，還要趕她們走哩！沒想到，沒幾天我們居然也跟著撿垃圾。」我轉述工人的話，大家都笑了。

撿鐵釘的女人的愛

「你們見過設在樹下的茶水站嗎？」我再問。他們還是搖搖頭。

我提起設在中興思德園樟樹下，沒有棚子的茶水站，就是幾名婆婆媽媽負責的。她們每天煮茶水給工人喝，做點心給工人吃，讓工人比較有氣力，她們的愛心的確讓工地的進度超前。

我也提到在這些婆婆媽媽中，有一位年輕的媽媽，她每天背著幼兒來幫忙，站在石桌旁切高麗菜。孩子隨她切菜的動作抖動，看來極不舒服。

有一次，我想幫她抱孩子。她說孩子因為九二一地震受到驚嚇，所以總是黏著她。

她這一說，我才注意到孩子的雙眼的確有著驚惶的神色，而且他的光頭上還有一道疤痕，原來是地震時，媽媽抱著他從樓上跳下來摔傷的。

我稱讚媽媽的勇氣，一旁的婆婆也插嘴告訴我，她以前都背著孩子到學校工地撿鐵釘或尖銳的東西。一開始，別人以為她是撿來販賣、維持家計，後來才知道她只是因為心疼自己的小孩受傷，所以不忍心看到其他小朋友受傷才來撿的。

說起這段故事，那媽媽笑著說：「剛開始有小朋友指指點點叫我『撿鐵釘的女人』，現在他們會親切地叫我阿姨。」大家說學生是被她感動的。

她笑著揮手否認。

「朋友，我們一直以為教育就是坐在教室裡好好地聽課，現在我們似乎要改變觀念了。從這名媽媽的身上，孩子可以真正學到什麼叫關懷，什麼叫推己及人。這活生生的教材是否更勝過老師引經據典的解說呢！」我一說，大家又不住地點頭。

「他們煮出來的水，一定特別甜！」一位校長笑著說。

我說我去過茶水站，喝過她們煮的茶水，吃過她們做的水煎包、煎餃，一直念念不忘呢！

愛，不能等

我再說，有一次聽說一名志工媽媽病倒了，被送到大林慈濟醫院救治。我問美玲，是哪一位，我見過她嗎？她哽咽的告訴我，是我不認識的人，因為她都是在四點多就來煮茶水，六點再趕緊騎機車回家，準備早餐給家人吃，所以鮮少有人知道她。

「她不是住在學校附近耶。她住在草屯鄉下，要騎四十分鐘的機車才能到達，無論是冬天多冷，或者下雨多不方便，她都不會缺席。」

聽到這名志工媽媽的感人事蹟，讓人想要趕緊到醫院探視，但當時因學校的一些瑣事，加上等候學生製作慰問卡，所以延遲兩天，才與校長帶著全校師生的卡片出發，沒想到傳來她已於前一晚病逝的消息。一行人只好到她家的靈堂致意。

她丈夫說起罹患癌症的太太：「她就是不肯休息，一定要去當志工。剛開始真的很生氣，不過後來看她做得很愉快，倒覺得這才是支撐她活得更久的原因，現在看到學校要重建完成了，她才安心地走了。」她丈夫含著淚光的臉，有不捨、有難過，更有一份驕傲。

「愛，真的不能等。我們才等兩天，就見不到她的面。」我含淚說出這段故事，然後我問了大家：「這名志工利用餘生把愛散播出去，她沒等病好再做，所以她走得毫無遺憾，我們是否經常找藉口，讓愛等待，結果延宕到無法把愛傳出去呢？」

大家陷入深思中，我再說：「愛，真的不能等。」

一名女校長激動地表達感謝，還把她的名片畫一個星星記號送給我：「你一定要來我們四川看看，我特別欣賞你。」

他們離去前，在學校大門口前的重建碑文前拍照，也請我朗誦我寫的重建碑文（浴火重生）。

我看著碑文開始唸，唸著唸著，我彷彿看見那一張張努力的臉孔，一幕幕奮勵的畫面，淚水逐漸盈溢眼眶。

※浴火重生碑文

驚慌的災難帶給我們堅強的毅力
悲慘的年代激發我們慈悲的胸懷
九二一大地震
是惡夢一場——家園破碎
是警鐘一記——敲醒安逸的夢
我們內心最深處的愛伴隨著痛而來
向天昭告：我們會活下去！

中興國中三十一年來雖有風雨
但總平安度過，如今卻也……
倒下了！
瓦礫中一抹夕陽殘照昔日雄志館

殘垣裡一株小草掙扎往日樓梯板
困頓下慈濟基金會默默的伸出援手
一句「為世世代代子孫蓋學校」
是希望工程也是中興國中救命的點滴
中興國中活了過來

豎上第一根鋼骨
架起第一塊模板
塗上第一層水泥
中興人無不掉下感激 感動的淚水
承載十方的愛與關懷
中興國中站得挺拔、站得堅強
站得精神抖擻

如果女媧補天可以填平蒼天的缺憾
那麼人間至愛也可以撫平世人的創傷

中興國中每一吋溫潤的牆垣
都是以淚水與汗水調和混凝土
用大愛塗抹上去的
它將世世代代訴說人間的大愛與關懷
它會日日夜夜站在這裡
告訴我們一段感人的歷史
發生在一九九九年的九月二十一日
凌晨一點四十七分

【後記】教育的故事永遠不會結束

一百〇二年南投縣辦理全國運動會，我擔任接待組長。開幕典禮那天，教育部長蔣偉寧先生先到貴賓室等候行政院長陳沖先生，當時我指著牆上掛的一幅攝影作品，請教部長觀感。那幅作品是清晨四點多在湖邊拍攝的，藍色的湖面上靜靜躺著一葉扁舟，部長說很像水墨畫，不像攝影作品，感覺很寧靜。

當時我告訴部長：「因為湖面沒有風暴，所以感覺很寧靜，若是風暴來了，這扁舟沒有槳，也沒有操槳的人，很可能去撞岩岸後四分五裂。」

我看到部長很認真的聽，所以我又繼續說下去：「所以操槳的人很重要，有經驗的會划向安全的彼岸，沒經驗的，說不定會划向大海，回不了頭。」

我說完看向部長，他高興的說：「等一下，陳沖院長來的時候，你說給他聽。」

我當時笑著說：「我只說給你聽。」

他看著我的名牌，驚喜的說：「原來你就是經常在報紙上寫故事的李枝桃。」

我故意開玩笑地回他：「還好我沒罵過你。」

那天回家我說了這故事給家人聽。他們誇蔣部長EQ高，四兩撥千金，還說「長官要有這樣的能耐」。

一百〇四年初，南投縣又承辦全國原住民運動會時，我也又擔任接待組組長，在貴賓室接待馬英九總統及毛治國行政院長。毛院長先到，我必須幫他綁上原住民頭飾，擔心滑落，所以稍微使力。他頻喊：「綁鬆一點，綁太緊會頭痛」。

馬總統是特別來賓，要在典禮尾聲前露臉，所以他是在典禮開始後才到，因毛院長經驗，我不敢使力綁，總統卻要求重綁。他說：「不能滑落、鬆脫。綁緊一點沒關係，我的頭很硬的。」我稍使力一些，他仍強調：「再緊一點沒關係，我的頭很硬的。」

結束回家後，我把這兩段對話說給親友聽。我說兩人個性真是截然不同，表哥卻逗趣說：「從這對話中，就知道誰是長官，誰是部屬了。」表哥分析長官注意自己的地位，當然不能容許滑落、鬆脫的情況發生，而且要帶領部屬，勢必要有guts，所以要強調頭很硬，或肩膀很硬之類的話。

但做部屬的少有人喜歡長官約束，綁東綁西的，所以會下意識地喊：「綁鬆一點，綁太緊會頭痛的。」

表哥一分析完，大家雖笑說他胡謅，但卻誇他胡謅得有道理。

他看著我問：「長官是否要有硬肩膀？」

我知道他意有所指。有一回，我在議會很堅定的告訴議員：「你大概不認識我李枝桃。我雖然個子小，但肩膀很硬，該扛的責任，我一樣都不會少。」

我點點頭說：「主管本來就要有硬肩膀能扛責任。」

教育的路上，我碰碰撞撞的前進。我曾是讓人頭痛的孩子，但因老師的教導，我尋找到自己的方向。我的老師或過世或退休，我接替他們，繼續教導孩子，一代傳一代……這就是圓滿。

記得退休前慈濟團體來訪，應他們要求，我站在我寫的碑文前朗讀〈浴火重生〉一文，當我唸到：

「如果女媧補天可以填平蒼天的缺憾，
那麼人間至愛也可以撫平世人的創傷」，

風吹過桃花心木，陽光隨即灑落下來。我藉機用手抹掉眼中的淚水，把剩下的唸完，

「中興國中每一吋溫潤的牆垣
都是以淚水與汗水調和混凝土
用大愛塗抹上去的
它將世世代代訴說人間的大愛與關懷

它會日日夜夜站在這裡
告訴我們一段感人的歷史
發生在一九九九年的九月二十一日
凌晨一點四十七分」
我當時便想著這一段應該改成：
「教育園地裡每一寸溫潤的牆垣
都是以淚水與汗水調和混凝土
用大愛塗抹上去的
它將世世代代訴說人間的大愛與關懷
它會日日夜夜站在這裡
告訴我們一段段感人的歷史」

我的故事結束了嗎？或許，但教育的故事是永遠不會結束的。退休前，涂惠珠老師跑來跟我說，老師們集體要送我的退休禮物，就是「守住中興大家庭」。這一份大禮，是我收到最棒的禮物，它讓我確信，教育的感人故事不會停止，一代接一代……一切一定會圓滿的。

國家圖書館預行編目資料

當校長的10個勇氣／李枝桃著. --初版. --臺北市：寶瓶文化, 2016. 01
面； 公分. --（Catcher；79）
ISBN 978-986-406-043-6（平裝）

1. 教育 2. 文集
520.7 105000649

Catcher 079

當校長的10個勇氣

作者／李枝桃 校長
主編／張純玲

發行人／張寶琴
社長兼總編輯／朱亞君
主編／張純玲・簡伊玲
編輯／丁慧瑋・賴逸娟
美術主編／林慧雯
校對／張純玲・劉素芬・陳佩伶・李枝桃
業務經理／李婉婷
企劃專員／林歆婕
財務主任／歐素琪 業務專員／林裕翔
出版者／寶瓶文化事業股份有限公司
地址／台北市110信義區基隆路一段180號8樓
電話／(02) 27494988 傳真／(02) 27495072
郵政劃撥／19446403 寶瓶文化事業股份有限公司
印刷廠／世和印製企業有限公司
總經銷／大和書報圖書股份有限公司 電話／(02) 89902588
地址／新北市五股工業區五工五路2號 傳真／(02) 22997900
E-mail／aquarius@udngroup.com

著作完成日期／二〇一五年十一月
初版一刷日期／二〇一六年一月二十九日
初版七刷日期／二〇一六年十月二十一日
ISBN／978-986-406-043-6
定價／三〇〇元

愛書人卡

感謝您熱心的為我們填寫，
對您的意見，我們會認真的加以參考，
希望寶瓶文化推出的每一本書，都能得到您的肯定與永遠的支持。

系列：Catcher 079　**書名：當校長的10個勇氣**

1. 姓名：＿＿＿＿＿＿　性別：□男　□女
2. 生日：＿＿年＿＿月＿＿日
3. 教育程度：□大學以上　□大學　□專科　□高中、高職　□高中職以下
4. 職業：＿＿＿＿＿＿
5. 聯絡地址：＿＿＿＿＿＿＿＿＿＿＿＿
   聯絡電話：＿＿＿＿＿＿　手機：＿＿＿＿＿＿
6. E-mail信箱：＿＿＿＿＿＿＿＿
   □同意　□不同意　免費獲得寶瓶文化叢書訊息
7. 購買日期：＿＿年＿＿月＿＿日
8. 您得知本書的管道：□報紙／雜誌　□電視／電台　□親友介紹　□逛書店　□網路
   □傳單／海報　□廣告　□其他
9. 您在哪裡買到本書：□書店，店名＿＿＿＿　□劃撥　□現場活動　□贈書
   □網路購書，網站名稱：＿＿＿＿＿　□其他＿＿＿＿
10. 對本書的建議：（請填代號　1. 滿意　2. 尚可　3. 再改進，請提供意見）
    內容：＿＿＿＿＿＿
    封面：＿＿＿＿＿＿
    編排：＿＿＿＿＿＿
    其他：＿＿＿＿＿＿
    綜合意見：＿＿＿＿＿＿＿＿＿＿
11. 希望我們未來出版哪一類的書籍：＿＿＿＿＿＿＿＿

讓文字與書寫的聲音大鳴大放

寶瓶文化事業股份有限公司

（請沿此虛線剪下）

廣 告 回 函
北區郵政管理局登記
證北台字15345號
免貼郵票

寶瓶文化事業股份有限公司收

110台北市信義區基隆路一段180號8樓

8F,180 KEELUNG RD.,SEC.1,

TAIPEI.(110)TAIWAN R.O.C.

（請沿虛線對折後寄回，或傳真至02-27495072。謝謝）